Giacometti
L'œuvre ultime

The final work | L'opera ultima

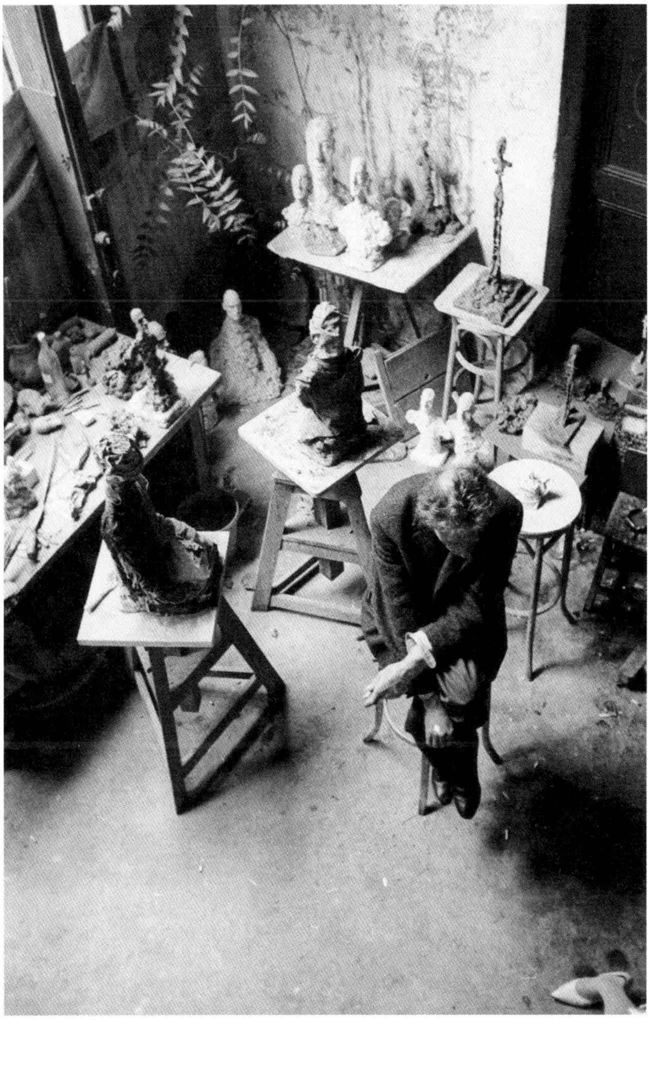

Alberto Giacometti dans l'atelier,
vers mai 1965
Photo : Jack Nisberg

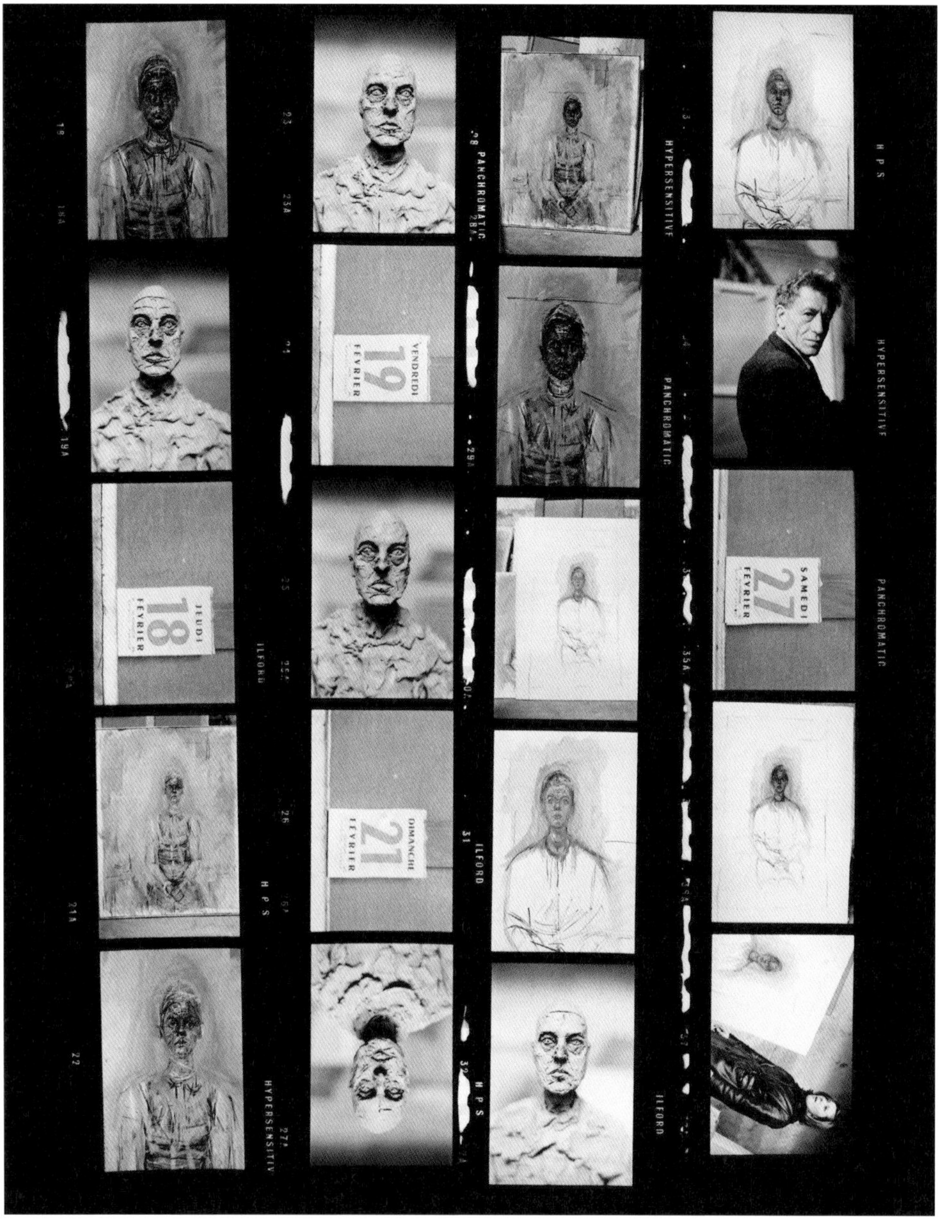

Dans l'atelier de Giacometti, 1965
Planche contact
Photos : Eli Lotar

Le Département des Alpes-Maritimes présente la première exposition consacrée aux œuvres d'Alberto Giacometti (1901-1966) à Nice. Cette exposition inédite a spécialement été conçue en collaboration avec la Fondation Giacometti de Paris, pour les espaces rénovés du pavillon de l'Horloge et de l'ancien bagne du port de Nice, qui forment la nouvelle galerie Lympia.
Elle propose d'éclairer les dernières années du travail de l'artiste à travers une cinquantaine d'œuvres majeures de la période de la maturité (1960-1965), dont les toutes dernières œuvres sur lesquelles l'artiste a travaillé.
Sculptures, peintures, dessins, lithographies, issus de la riche collection de la Fondation Giacometti, permettent de montrer la diversité des techniques employées par l'artiste dans cette période décisive de sa carrière. Ces dernières œuvres témoignent d'une vitalité étonnante et d'une expressivité renouvelée.
Artiste reconnu dès les années vingt, Giacometti se trouve dans les années soixante dans une intense période de création. Aux modèles habituels – sa femme Annette et son frère Diego – s'ajoutent des visages nouveaux. Avec Caroline, il sillonne Paris pour dessiner les planches du livre de lithographies que son ami Tériade lui a commandé. Il retrouve dans les dernières années le photographe Eli Lotar qu'il fait poser pour ses dernières sculptures.

Commissaires : Catherine Grenier et Christian Alandete

The Département des Alpes-Maritimes presents the first exhibition dedicated to Alberto Giacometti (1901-1966) to be shown in Nice. This exclusive exhibition has been specifically conceived, in collaboration with the Fondation Giacometti in Paris, for the renovated spaces of the Pavillon de l'Horloge and the former prison, which now form the new Galerie Lympia.

It proposes to throw a spotlight on the artist's final years through fifty major works from his late period (1960-1965), including the very last pieces the artist worked on.

Sculptures, paintings, drawings and lithographs, part of the Fondation Giacometti's rich collection, show all the diversity of techniques the artist employed in this decisive period of his career.

Giacometti's recognition was established since the 1920s but in the 1960s he found himself in an intense period of renewal. Along with his regular models – his wife Annette and his brother Diego – new faces would join and sit for him. With Caroline, he criss-crossed Paris to draw the plates for a book of lithographs that his friend Tériade, an editor and publisher, had commissioned. In these last years, he met up again with photographer Eli Lotar, whom he got to sit for his very last sculptures.

Curators: Catherine Grenier and Christian Alandete

Il dipartimento delle Alpi Marittime presenta a Nizza la prima mostra dedicata alle opere di Alberto Giacometti (1901-1966). Questa mostra inedita è stata appositamente ideata, in collaborazione con la Fondation Giacometti di Parigi, per gli spazi rinnovati del Pavillon de l'Horloge e dell'antica galera del porto di Nizza, che formano la nuova Galerie Lympia.
La mostra si propone di fare luce sugli ultimi anni del lavoro dell'artista, esponendo una cinquantina di importanti opere del periodo della maturità (1960-1965), tra cui le ultime alle quali l'artista ha lavorato.
Sculture, quadri, disegni, litografie provenienti dalla ricca collezione della Fondation Giacometti, permettono di mostrare l'ampia diversità delle tecniche usate dall'artista, nel corso di questo periodo decisivo della sua carriera. Queste opere finali dimostrano una stupefacente vitalità e un'espressività rinnovata.
Artista noto a partire dagli anni '20, Giacometti vive durante gli anni '60 un intenso periodo di creatività. Ai soliti modelli, la moglie Annette e il fratello Diego, si aggiungono nuovi volti. Con Caroline, l'artista attraversa tutta Parigi per disegnare le tavole del libro di litografie che il suo amico Tériade gli ha commissionato. Durante gli ultimi anni, ritrova il fotografo Eli Lotar, che posa per le sue ultime sculture.

Curatori: Catherine Grenier e Christian Alandete

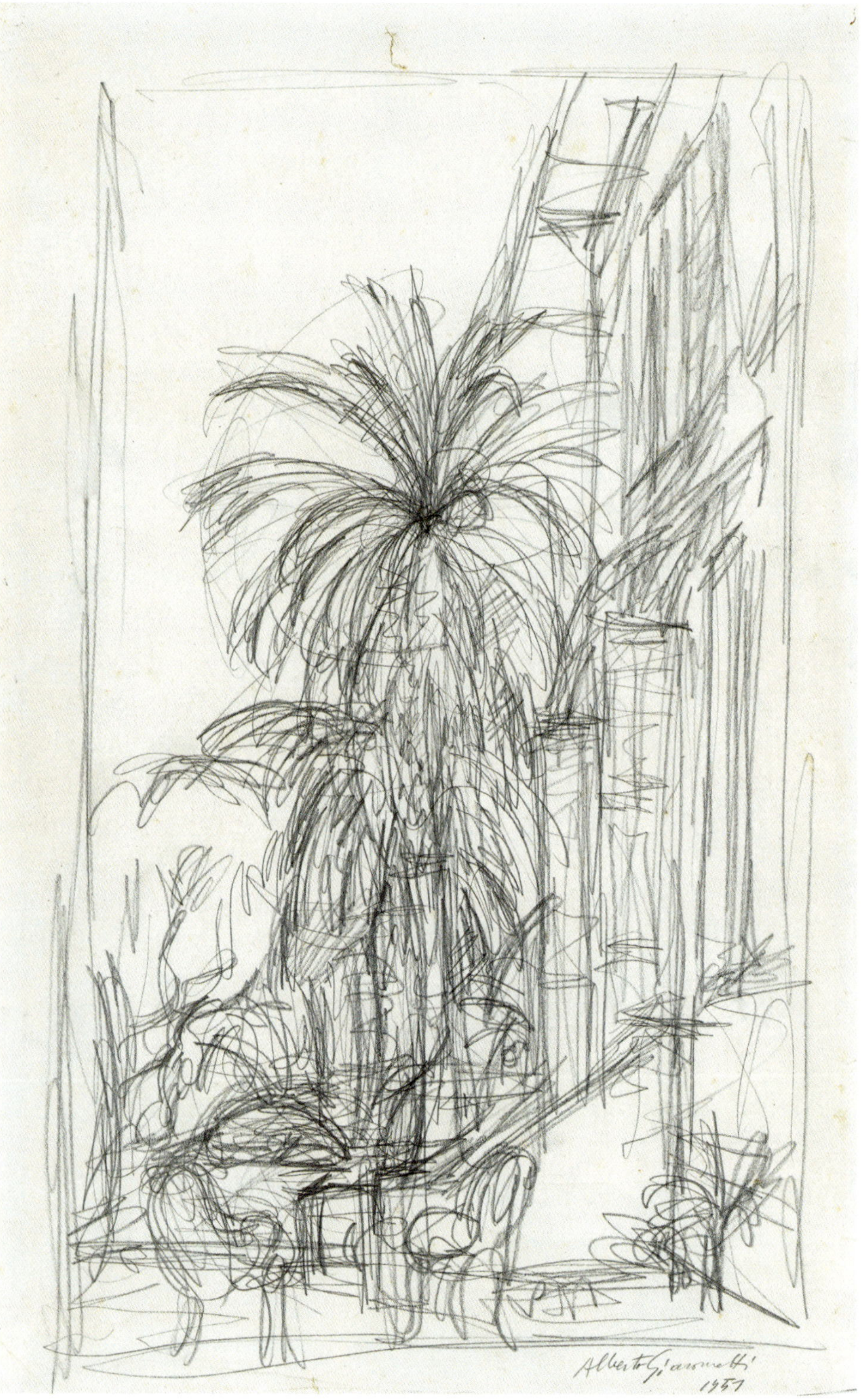
Alberto Giacometti
1951

Giacometti et la Côte d'Azur

L'éditeur Tériade possède une propriété à Saint-Jean-Cap-Ferrat : la villa Natacha, où Giacometti et sa femme Annette se rendent l'été à plusieurs reprises. Collectionneur et amateur d'art, il fait l'acquisition en 1964 d'une *Grande femme* qui trône, majestueuse, dans le jardin de la propriété et que Giacometti vient lui-même installer. La mer n'est pas un sujet familier pour l'artiste, plus habitué aux paysages montagneux de Stampa. Pourtant, à quelques reprises, il s'inspire de la Côte d'Azur, dessinant les palmiers si typiques de la région ou des vues de mer, dont *Bateau et Soleil*, une illustration réalisée pour illustrer une édition d'*Arthur Rimbaud vu par des peintres contemporains* pour un éditeur niçois.

PAGE DE GAUCHE
Vue de jardin à la villa Natacha,
Saint-Jean-Cap-Ferrat, décembre 1951
49,7 × 32,5 cm
Crayon sur papier report
Collection privée

Giacometti and the Côte d'Azur

Tériade owned the Villa Natacha property in Saint-Jean-Cap-Ferrat, where Giacometti and his wife Annette spent summer on several occasions. Apart from his publishing activities, Tériade was also an art collector and an art lover. In 1964, he acquired a *Tall Woman*, which reigned majestically in the villa's garden and which Giacometti himself installed. The sea was not a familiar subject for Giacometti, who was more accustomed to the mountainous landscapes of Stampa. However, he occasionally got inspired by the Côte d'Azur, drawing the palm trees so typical of the region or sea views, including *Boat and Sun*, which illustrated an edition of *Arthur Rimbaud vu par des peintres contemporains* (Arthur Rimbaud As Seen by Contemporary Painters) for a publisher based in Nice.

Giacometti e la Costa Azzurra

L'editore Tériade possiede una proprietà a Saint-Jean-Cap-Ferrat, la villa Natacha, dove Giacometti e sua moglie Annette si recano più volte durante l'estate. Collezionista ed esperto d'arte, nel 1964 acquista una *Grande femme*, che troneggia maestosa nel giardino della proprietà dove lo stesso Giacometti l'ha sistemata. Il mare non è un soggetto familiare a Giacometti, più propenso ai paesaggi montani di Stampa. Tuttavia, egli s'ispira più volte alla Costa Azzurra, disegnando le caratteristiche palme della regione o delle vedute marine, tra le quali *Bateau et Soleil*, illustrazione realizzata per un'edizione di d'*Arthur Rimbaud vu par des peintres contemporains* per un editore di Nizza.

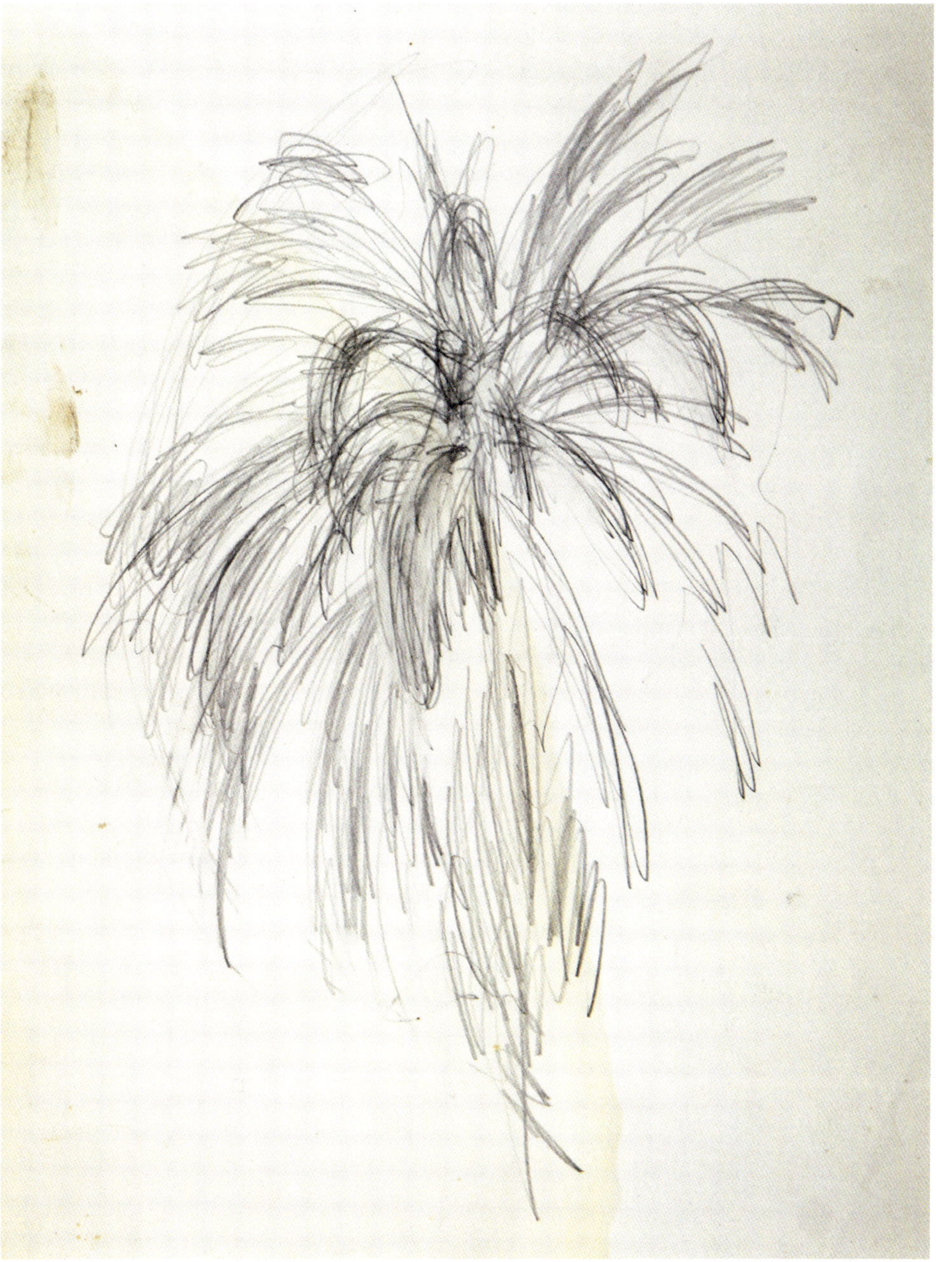

Feuillage de palmier
1954
Crayon sur papier
32,8 × 25,2 cm

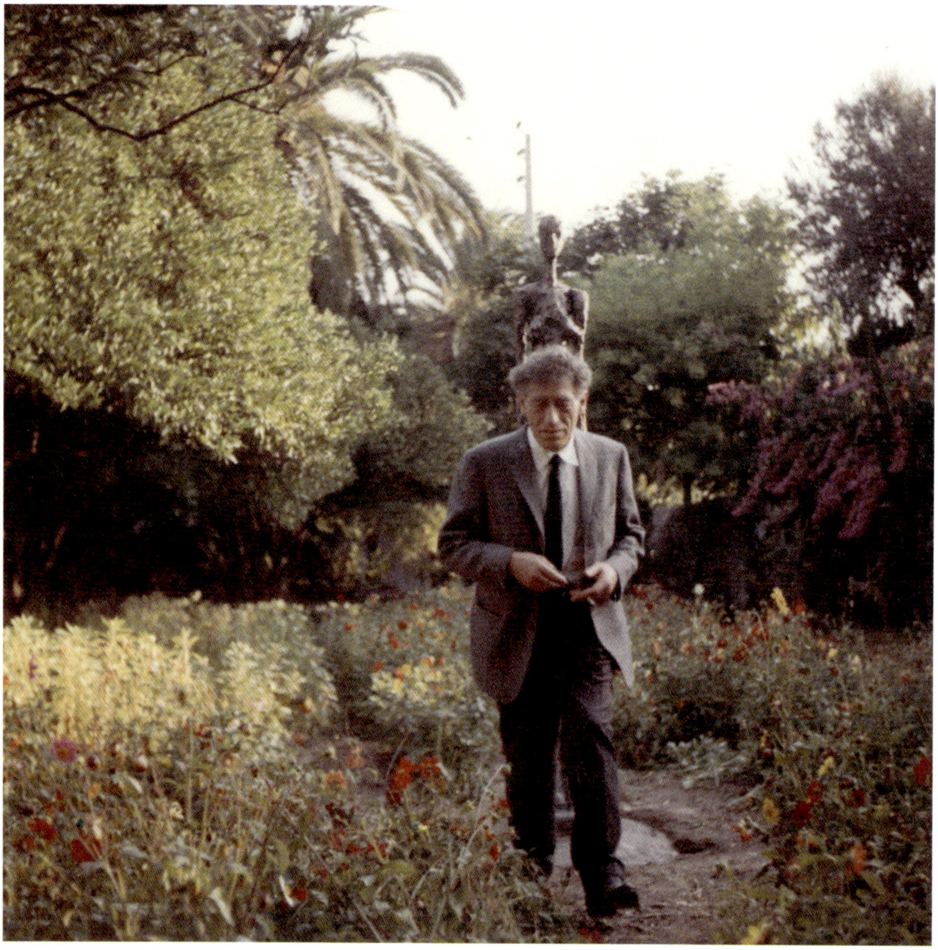

Alberto Giacometti assistant à l'installation de la *Grande Femme III en bronze,* chez Tériade, dans le jardin de la villa Natacha,
Saint-Jean-Cap-Ferrat, été 1964
Photo anonyme

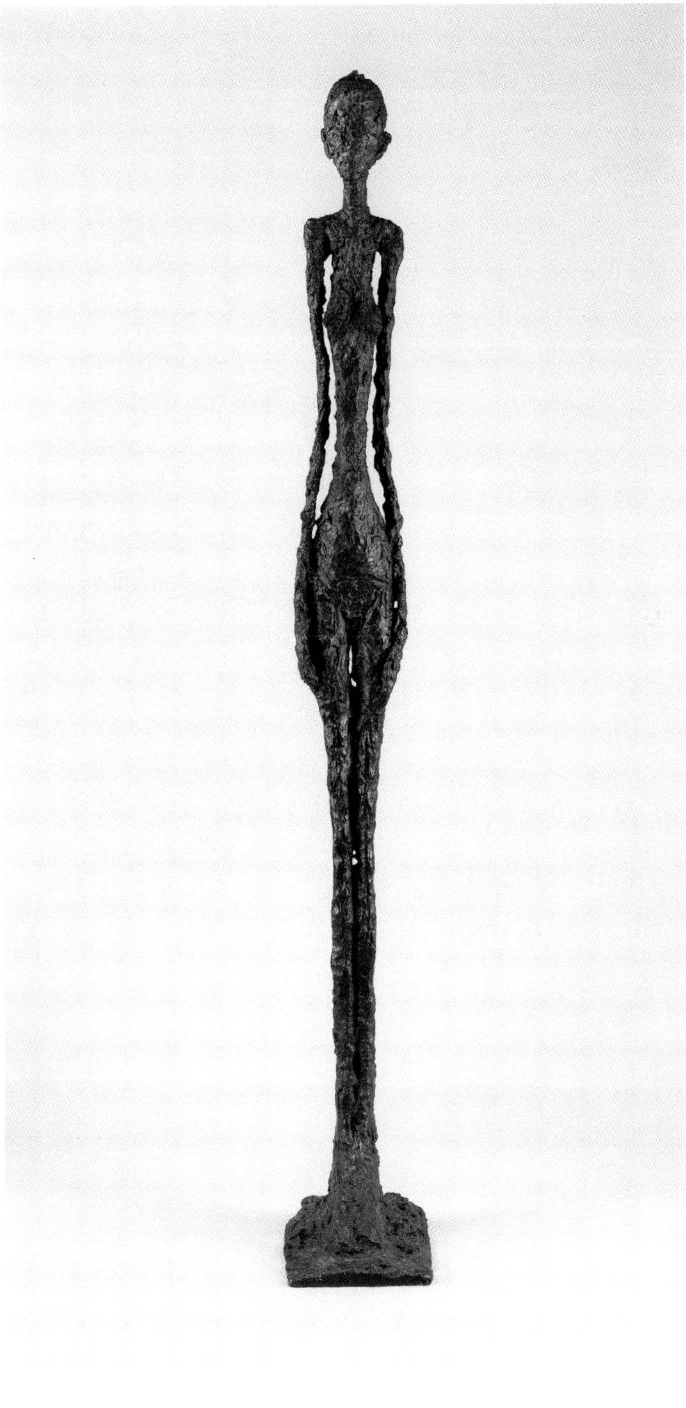

Grande femme I
1960
Bronze
272 × 34,9 × 54 cm

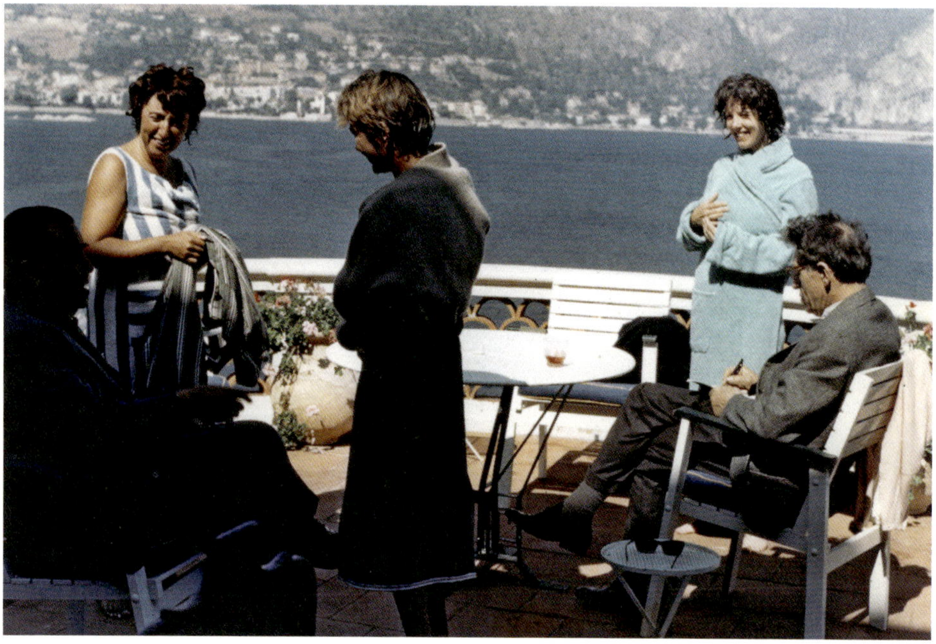

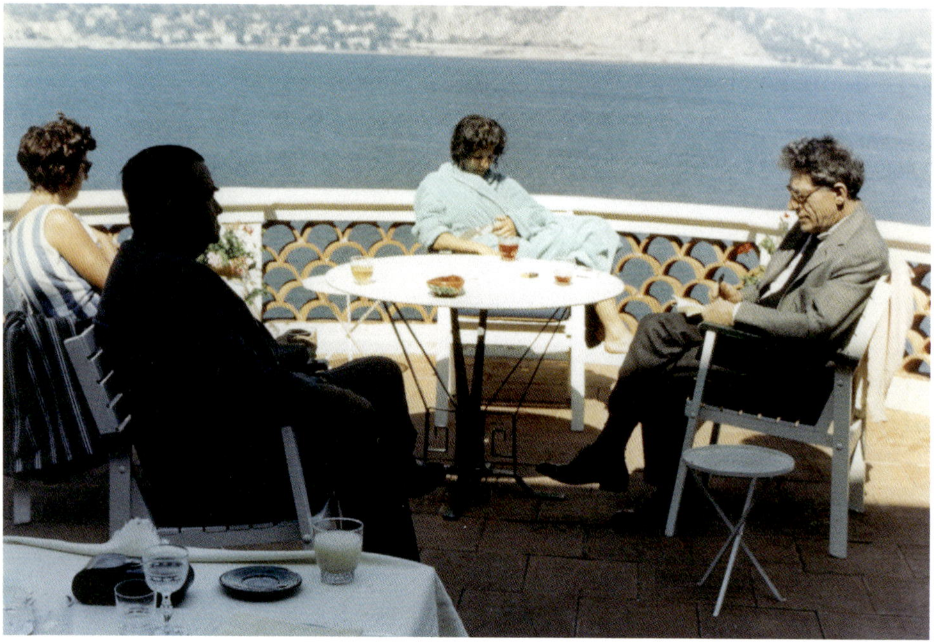

Tériade, Alice Tériade, Patricia Matisse, Annette et Alberto Giacometti chez Pierre Matisse, villa La Punta, Saint-Jean-Cap-Ferrat, 1962
Photos anonymes

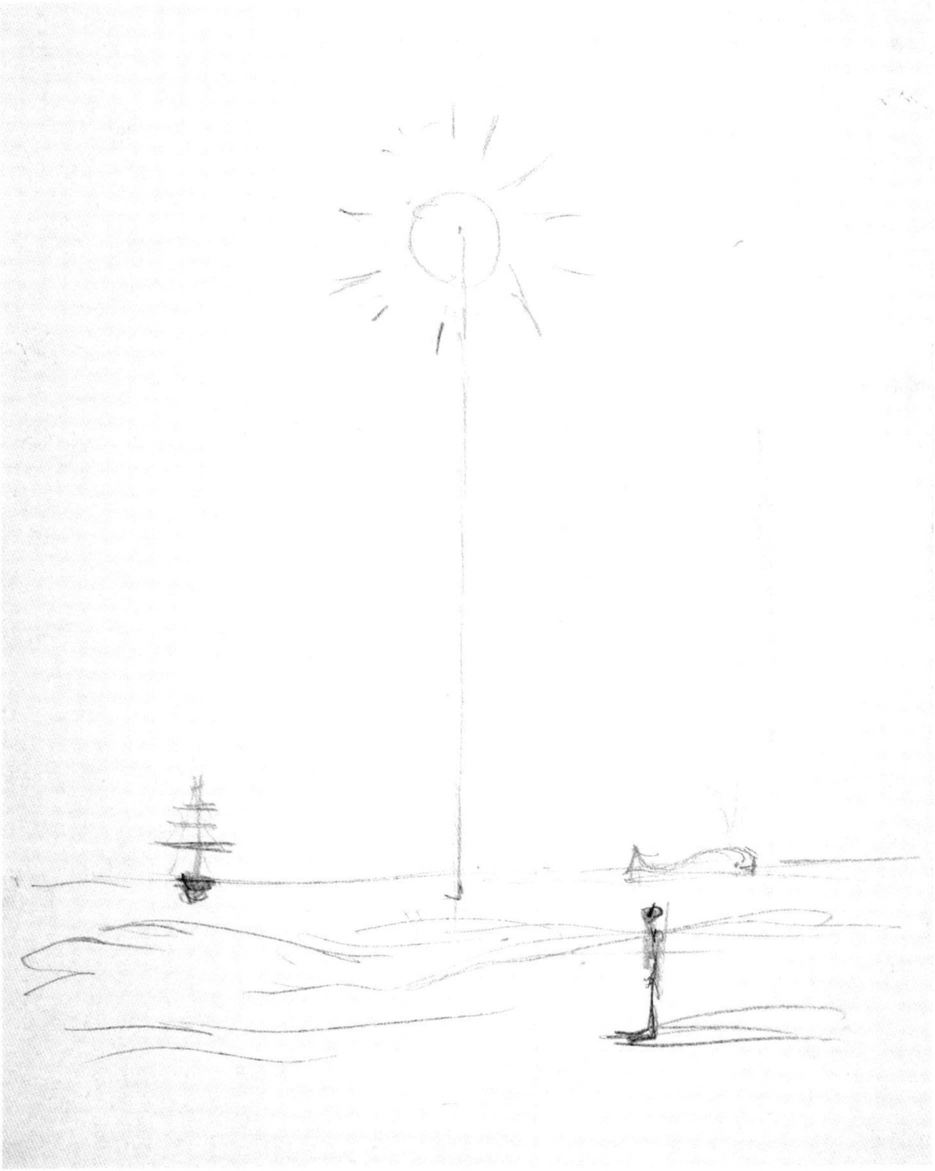

Baleine, soleil, bateau, homme debout de profil
Pour Léna Leclercq, *Pomme endormie,* 1961
Crayon sur papier, dessin
31 × 25 cm

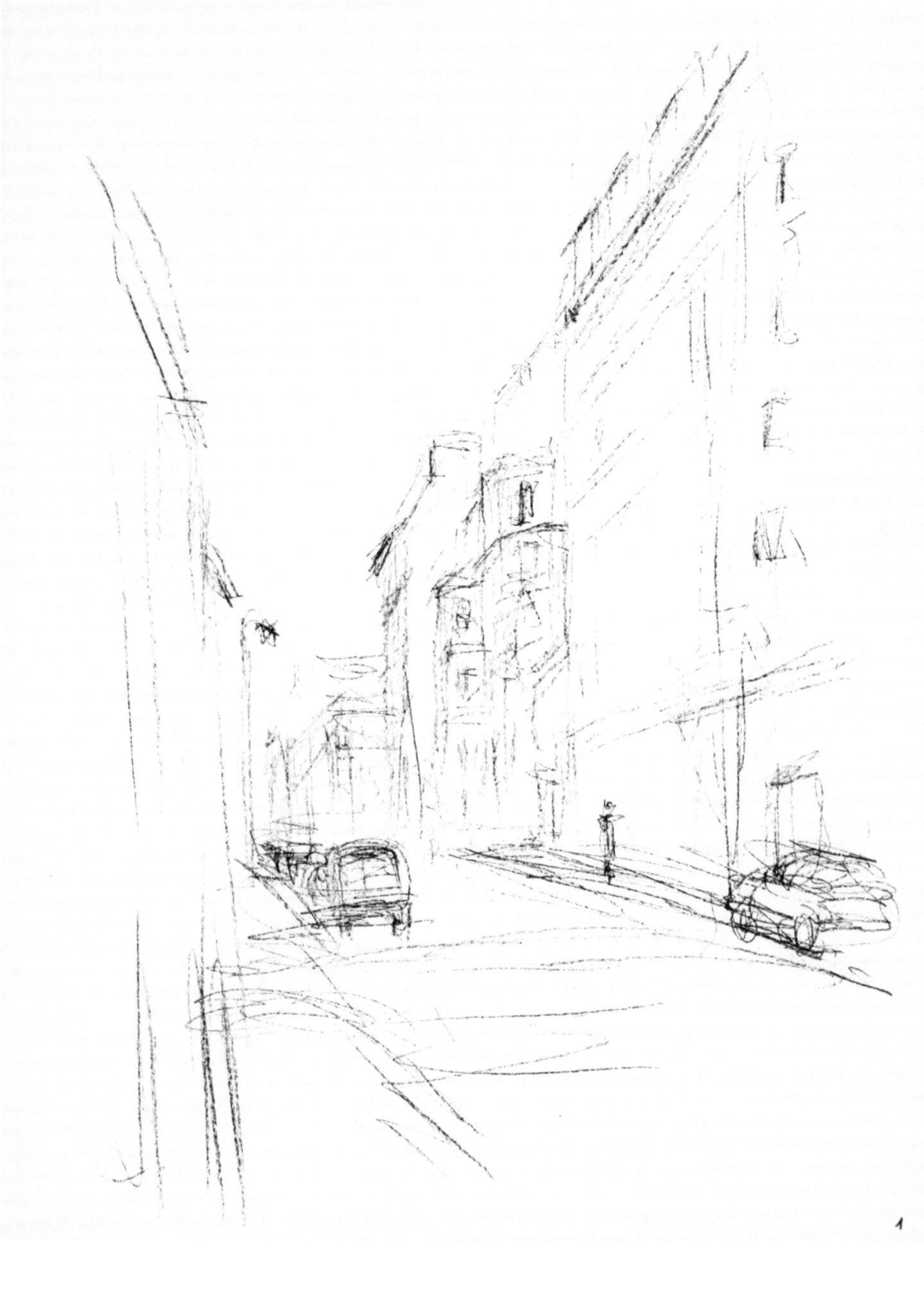

La rue Hippolythe-Maindron vue depuis l'angle de la rue du Moulin-Vert
avant 1965
Planche 1 de *Paris sans fin*
Lithographie
40,5 × 28,8 cm

Paris sans fin : un livre réalisé avec Tériade

Les dernières années de sa carrière, Giacometti est occupé à achever la commande passée par son ami et éditeur Tériade d'un livre de lithographies sur Paris : *Paris sans fin*. Alors que la plus grande partie de l'œuvre de Giacometti est produite dans son atelier, cette commande lui donne l'occasion d'en sortir pour documenter sa ville d'adoption. Il y dépeint les rues et les monuments, les cafés et les bars de nuit de Montparnasse où il a ses habitudes, mais aussi son atelier. La technique de dessin sur papier report n'autorise pas la reprise et il, doit pour la première fois, croquer sur le vif, sans repentir possible.
Au moment de vérifier les tirages d'essais réalisés à l'imprimerie Mourlot, Giacometti se fait accompagner par Eli Lotar qui documente le processus.

Paris Without End: a book produced with Tériade

In the last years of his career, Giacometti was tied up finishing a commission from his friend Tériade, for a book of lithographs about Paris: *Paris Without End*. While the greater part of Giacometti's oeuvre was produced in his studio, this commission gave him an opportunity to go outside and document his adopted city. Along with his studio, Giacometti depicted streets and monuments, as well as the cafés and night bars of Montparnasse where he would hang out. The technique of drawing on transfer paper allowed for no changes and, for the first time, Giacometti had to sketch from life, on the spot, with no turning back possible. At the moment when he had to verify the proofs at the Mourlot printing house, Giacometti came accompanied by Eli Lotar, who photographed the process.

Paris sans fin, un libro realizzato con Tériade

Durante gli ultimi anni della sua carriera, Giacometti è impegnato a ultimare la commissione del suo amico ed editore Tériade, un libro di litografie su Parigi: *Paris sans fin*. Se la maggior parte dell'opera di Giacometti è realizzata fra le mura del suo studio, questa commissione offre all'artista l'occasione di uscire all'aperto per documentare la sua città d'adozione. Giacometti ritrae le vie e i monumenti, i caffè e i locali notturni di Montparnasse che frequenta abitualmente, ma anche il suo studio. La tecnica del disegno su carta da stampa non consente correzioni e Giacometti deve, per la prima volta, fare disegni dal vero senza possibili pentimenti. Quando infine deve verificare le prove di stampa, eseguite dalla stamperia Mourlot, Giacometti si fa accompagnare da Eli Lotar, il quale documenta il procedimento.

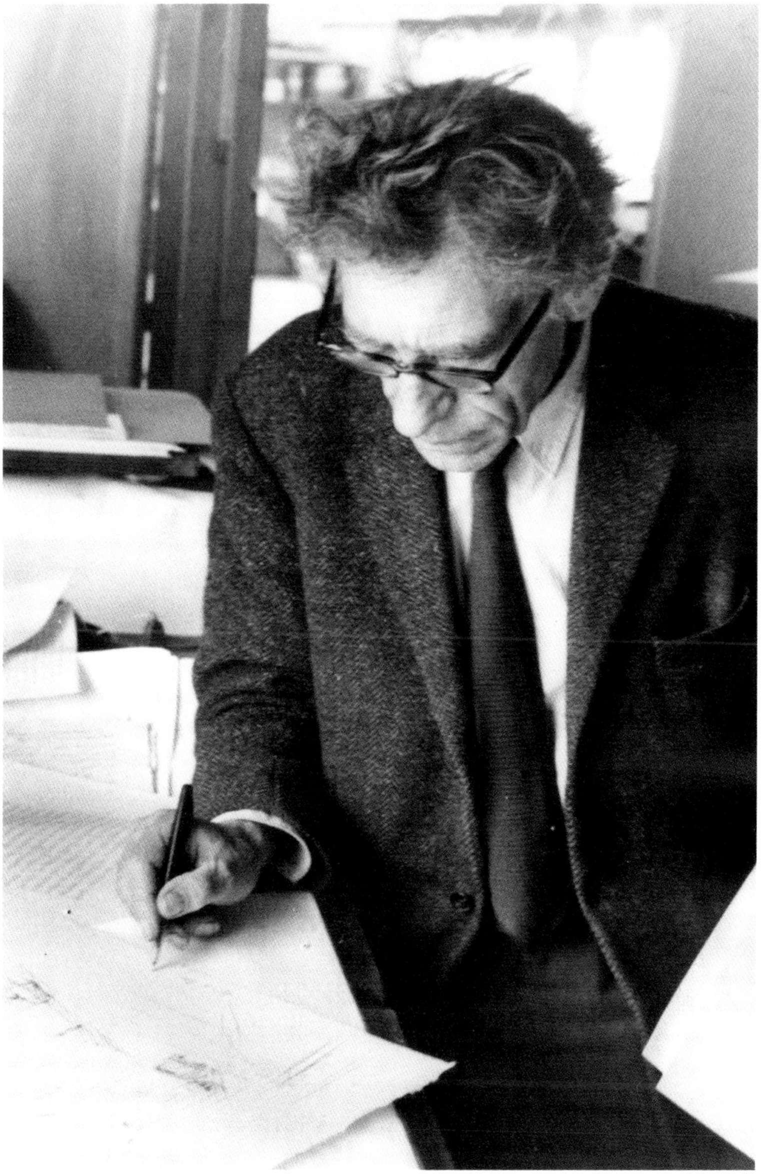

Alberto Giacometti à l'imprimerie de Fernand Mourlot en train de signer le bon-à-tirer pour la planche n° 1 de *Paris sans fin*,
vers 1964 – 1965
Photo : Eli Lotar

Paris sans fin : l'atelier

Véritable biographie en images de la condition d'un artiste au début des années soixante, *Paris sans fin* se déploie par cercles concentriques depuis l'atelier de Giacometti, invitant le lecteur à suivre ses pas et son expérience quotidienne de la ville. Celui-ci s'est installé dès 1926 au 46, rue Hippolyte-Maindron dans un local d'à peine 23 mètres carrés, dans le quartier des artistes à Montparnasse, qu'il ne quittera jamais. C'est dans cet espace modeste, tant par sa surface que par son manque de confort, qu'il produit la grande majorité de son œuvre. Motifs récurrents à différentes périodes de sa carrière, les sculptures dans l'atelier deviennent un motif de prédilection pour Giacometti.

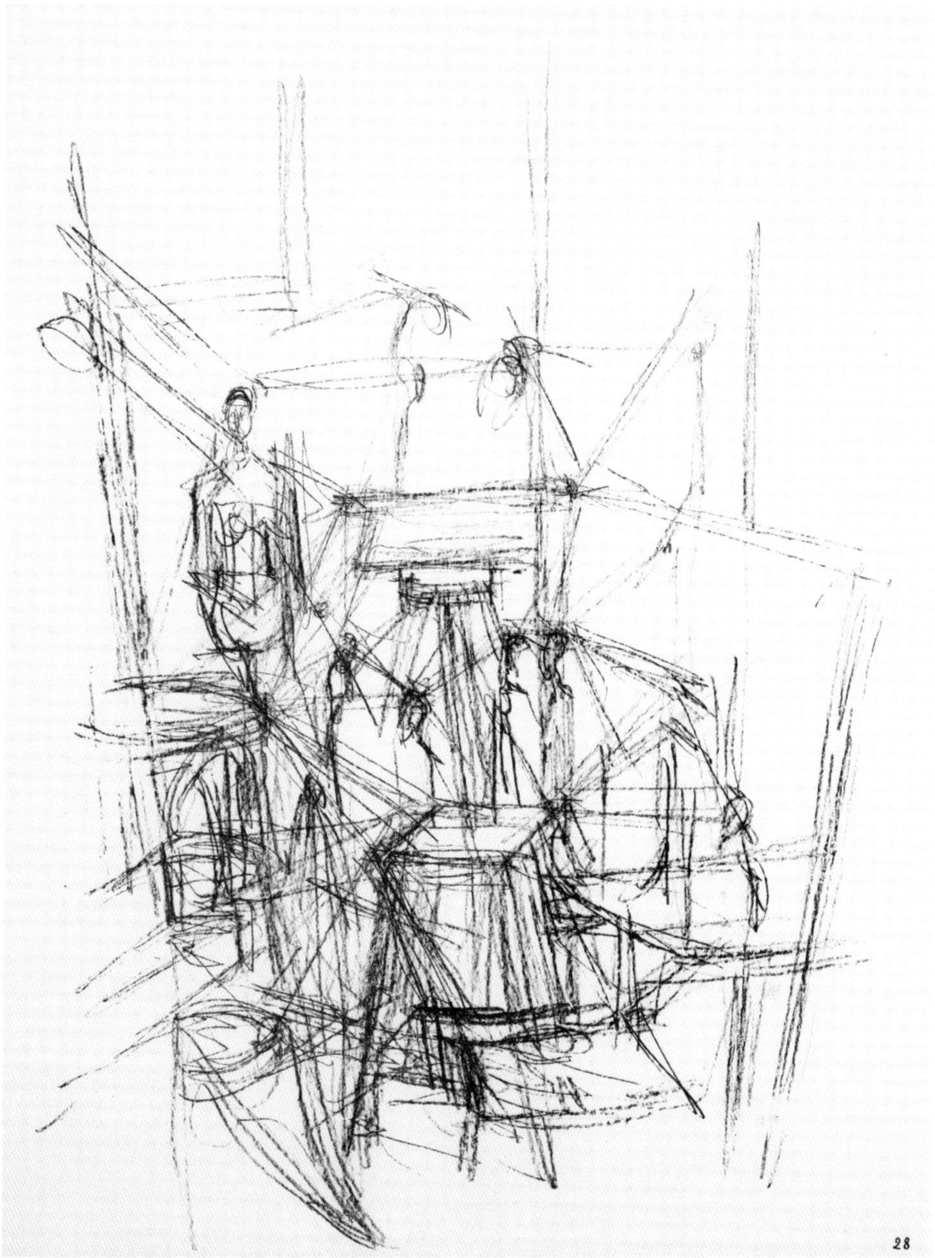

Sculptures dans l'atelier VII
avant 1961
Planche 28 de *Paris sans fin*
Lithographie
40 × 29 cm

Paris Without End: the Studio

A genuine biography in images of the artist's situation at the beginning of the 1960s, *Paris Without End* spread out in concentric circles from Giacometti's studio, inviting the reader to follow in his footsteps and in his daily experience of the city. In 1926, Giacometti moved to a space barely twenty-three square metres in size in 46 Rue Hippolyte-Maindron, in the artists' district of Montparnasse, where he would remain until his death. It was in this modest space, both in terms of surface area and its lack of even basic conveniences, that Giacometti produced the major part of his oeuvre. Recurring motifs in different periods of his career, the sculptures in the studio became a favourite subject for the artist.

Paris sans fin: lo Studio

Vera e propria biografia in immagini della condizione di un artista all'inizio degli anni '60, *Paris sans fin*, si svolge per cerchi concentrici. Partendo dal suo studio, l'artista invita il lettore a seguire i suoi passi e la sua esperienza quotidiana della città. Dal 1926 Giacometti si è sistemato al 46 di rue Hippolyte-Maindron, in una stanza di appena 23 mq, nel quartiere degli artisti a Montparnasse, che non lascerà più. In questo spazio modesto, sia per superficie che per mancanza di comfort, Giacometti produrrà la maggior parte dei suoi lavori. Immagini ricorrenti in diversi periodi della sua carriera, le sculture nello studio diventeranno il soggetto prediletto dall'artista.

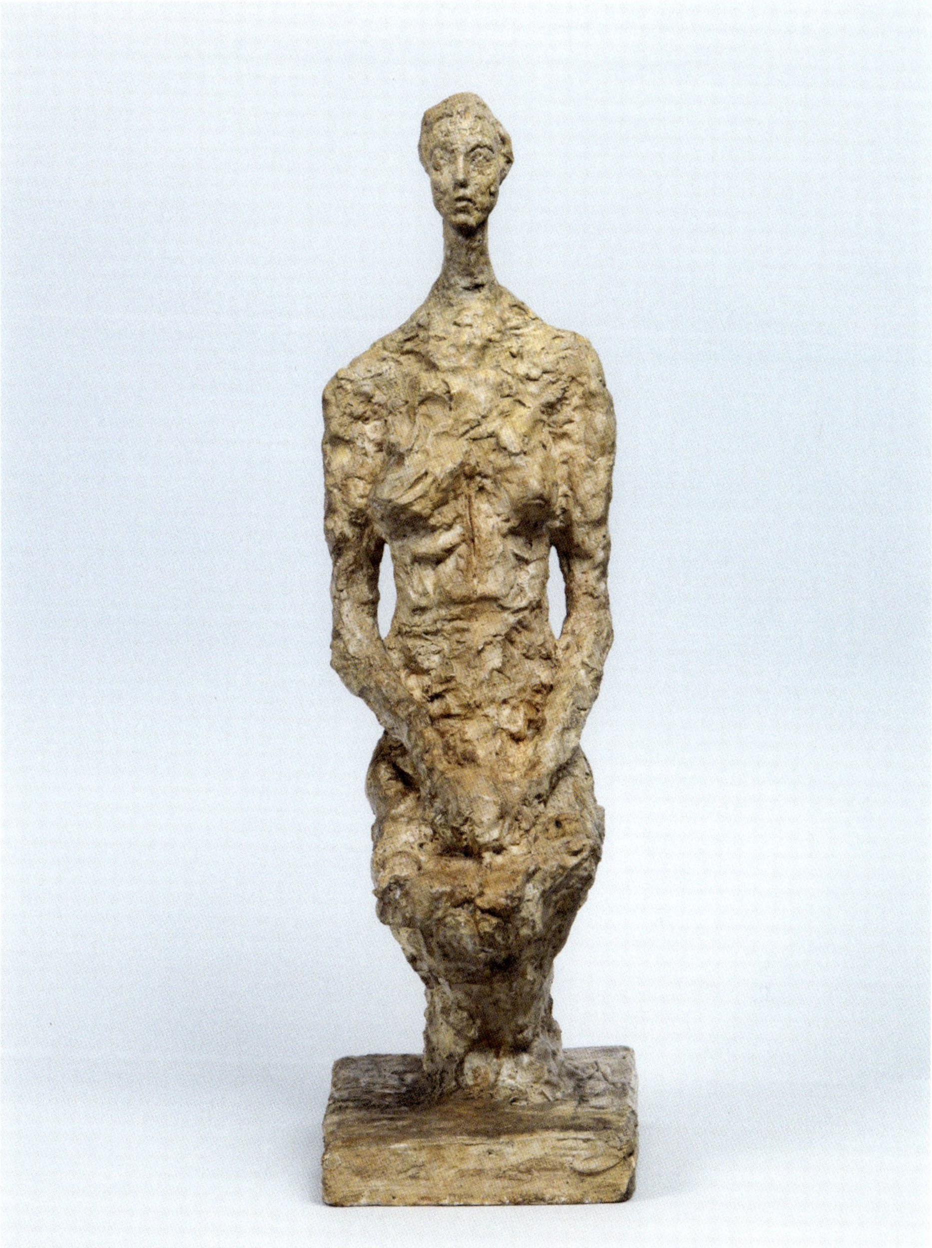

Femme assise
1956
Plâtre
52,1 × 15,6 × 24,2 cm

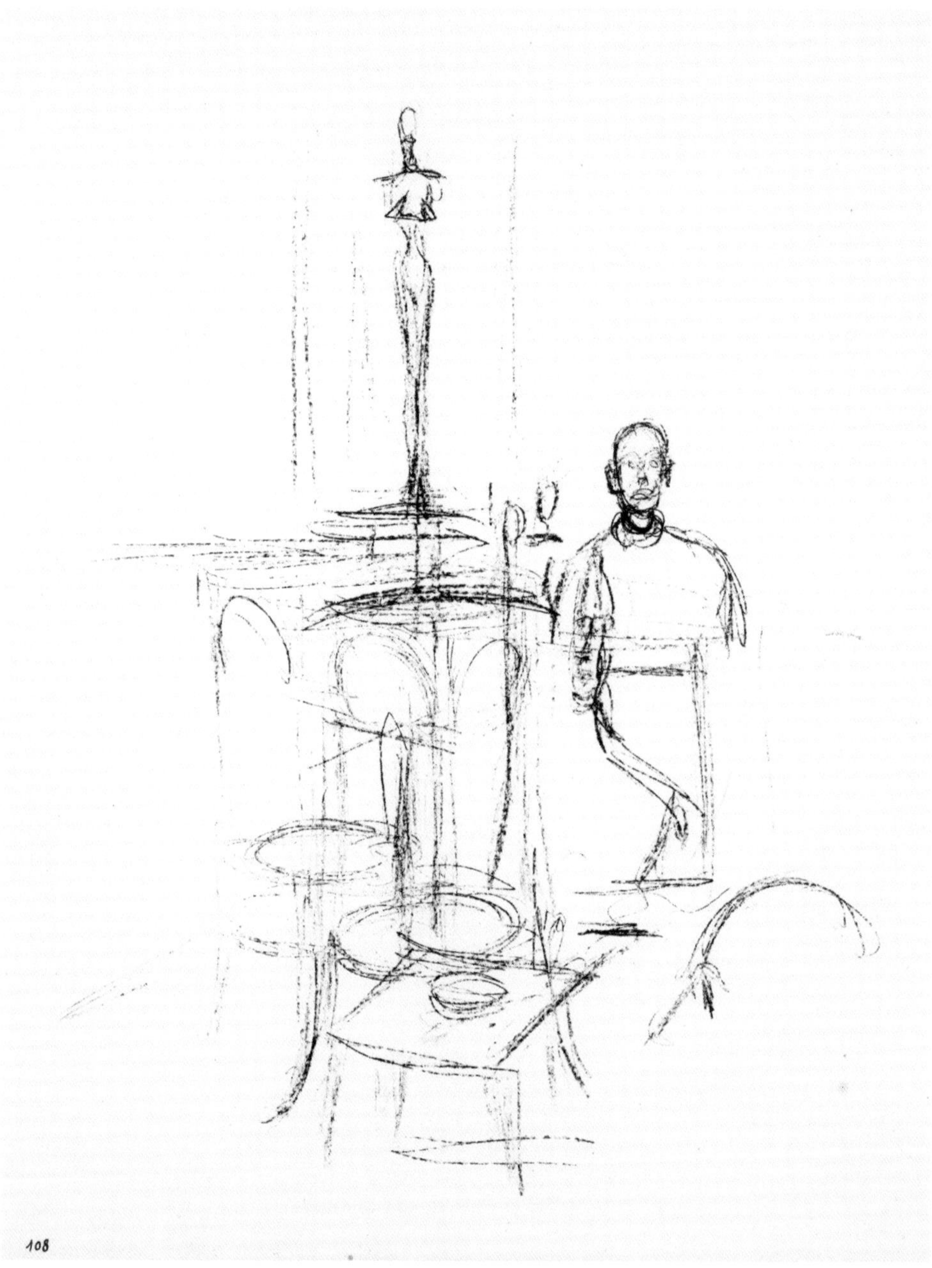

Sculptures dans l'atelier X
1959 – 1965
Planche 108 de *Paris sans fin*
Lithographie
42,5 × 30,5 cm

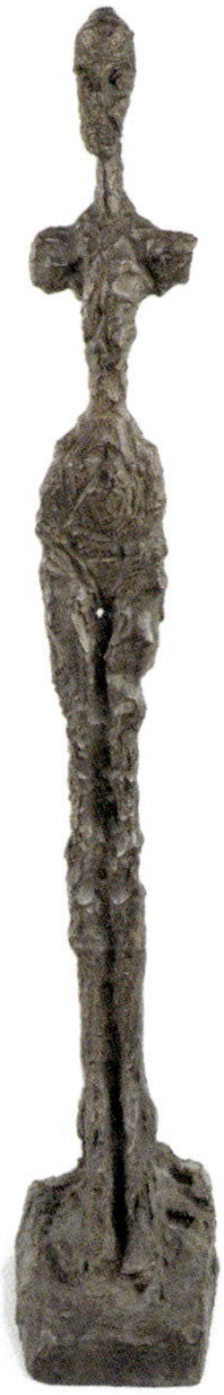

Femme debout
vers 1961 – 1962
Bronze
80,3 × 13,4 × 20,9 cm

Buste de Diego
vers 1954
Bronze
25,9 × 20,3 × 11,7 cm

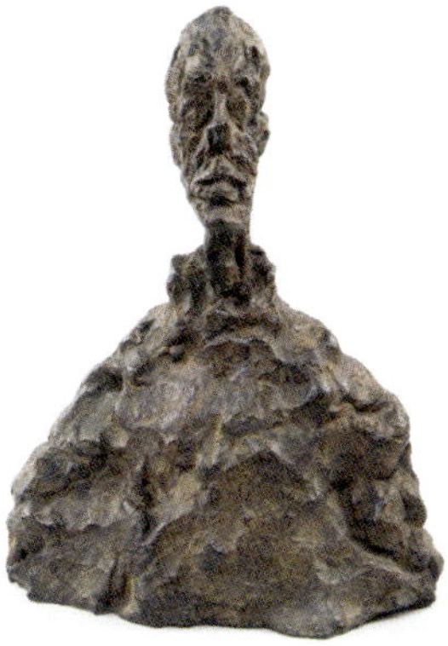

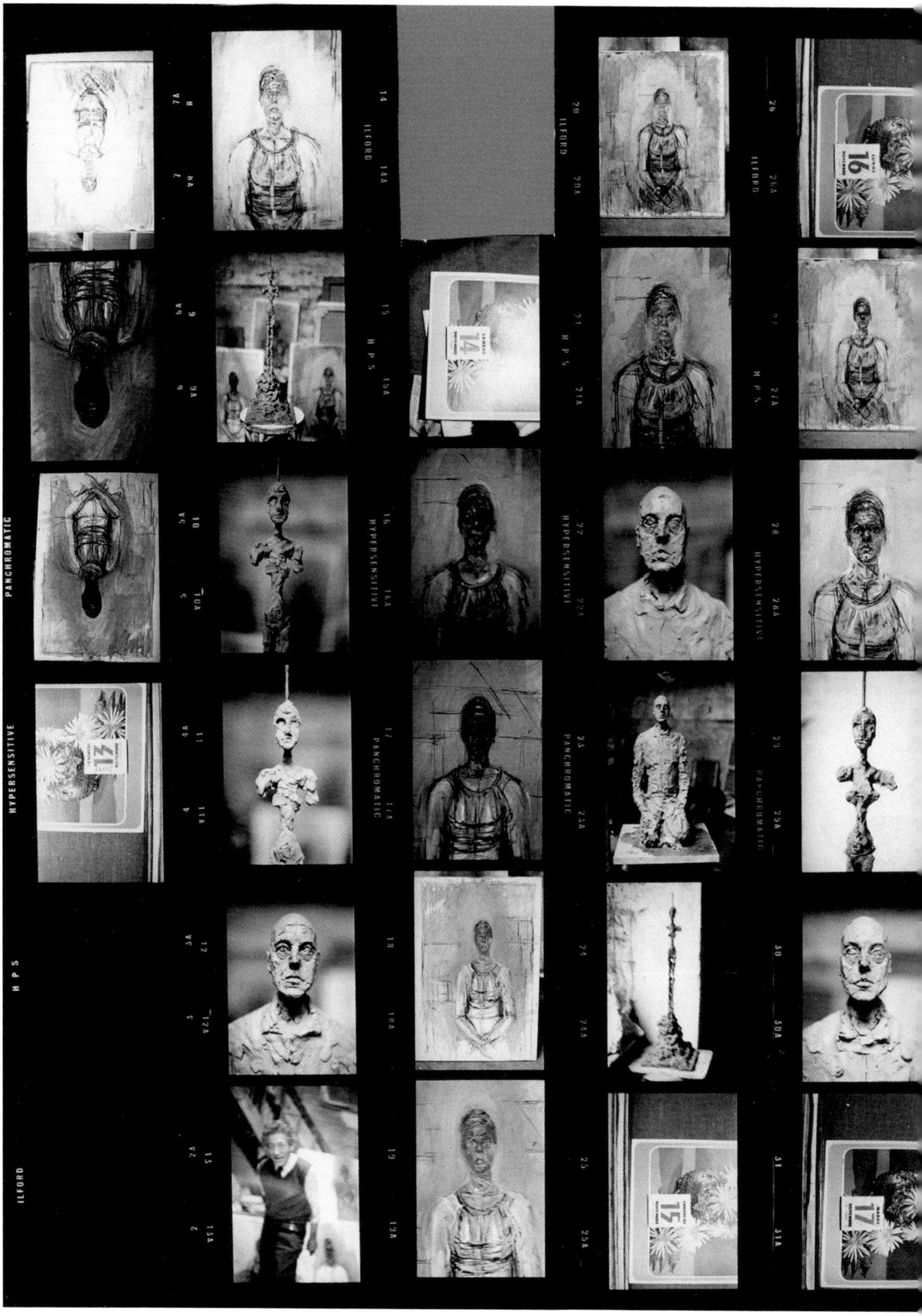
ILFORD
H P S
HYPERSENSITIVE
PANCHROMATIC

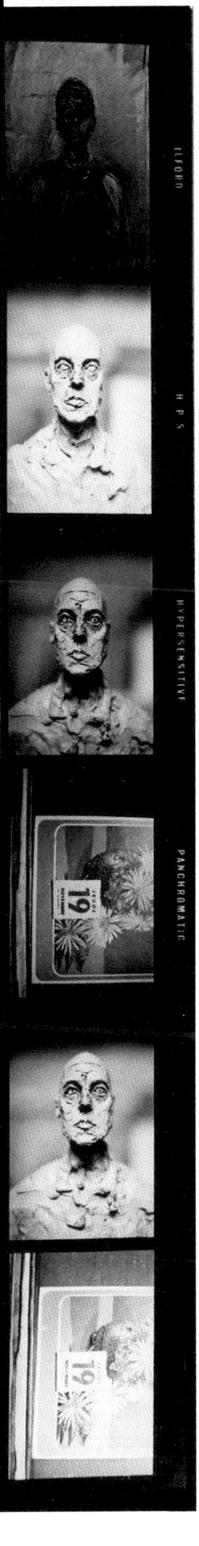

Dans l'atelier de Giacometti, 1965
Planche contact
Photos : Eli Lotar

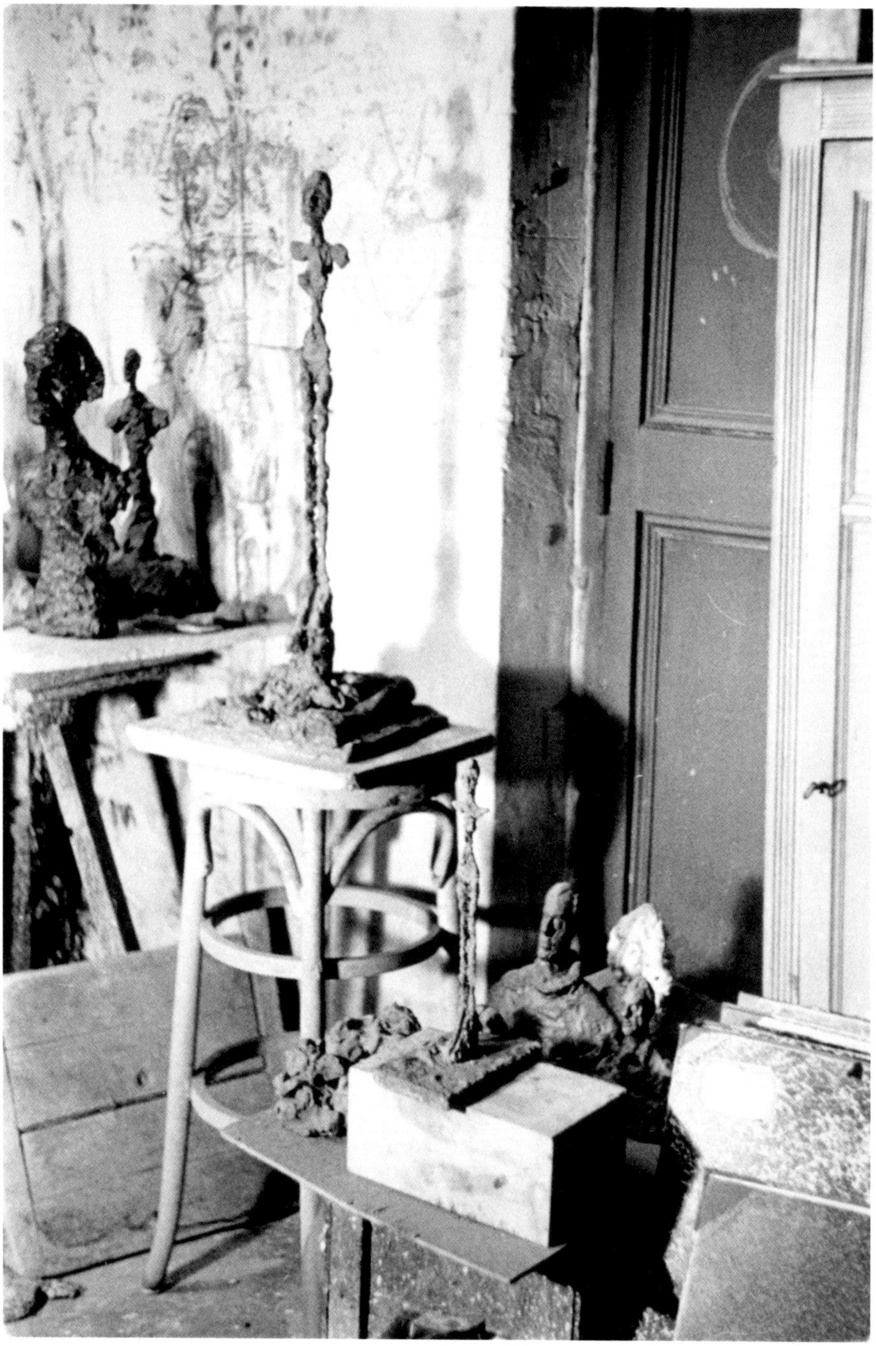

Atelier d'Alberto Giacometti,
Paris, 1965
Photo : Eli Lotar

L'atelier de Giacometti par Lotar

Lorsque Eli Lotar ne pose pas pour Giacometti, il retrouve sa pratique de photographe, détaillant l'atelier de l'artiste et photographiant les œuvres en cours de réalisation ou qui traînent. Après une décennie de projets avortés, le photographe trouve ici l'occasion de nouvelles prises de vues, dont ce « coin de l'atelier » photographié en 1965, qui sert de point de référence pour une reconstitution de la scène figée par l'image, avec les œuvres originales présentes dans la photographie.

Giacometti's Studio by Lotar

When Eli Lotar wasn't sitting for Giacometti, he took up his photographic practice, capturing the artist's studio and photographing the pieces Giacometti was working on, or that littered the studio. After a decade of aborted projects, Lotar discovered in Giacometti's studio an opportunity to take new photographs, among which this "corner of the studio" photographed in 1965, which served as a reference point for a reconstruction of the scene captured by the image, with the original works presented in the photograph.

Lo studio di Giacometti fotografato da Lotar

Quando non posa per Giacometti, Lotar riacquista il suo mestiere di fotografo ritraendo particolari dello studio o fotografando nel dettaglio le sculture che giacciono nella stanza polverosa. Dopo un decennio di progetti non portati a termine, Lotar trova nello studio di Giacometti l'opportunità per nuove inquadrature, fra cui il "coin d'atelier" fotografato nel 1965, riferimento per una ricostruzione dello studio, con le opere originali presenti nella fotografia.

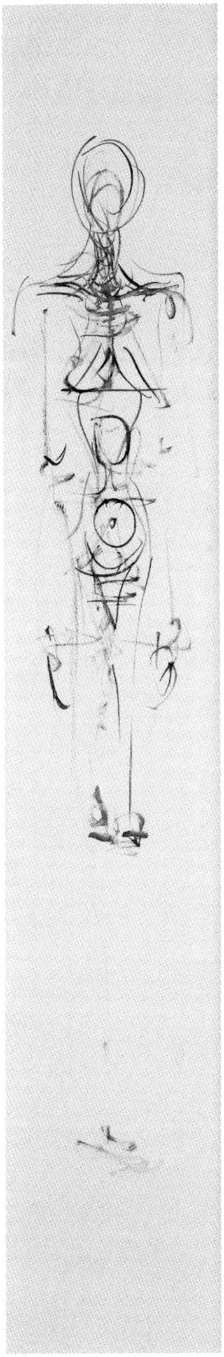

Grand nu debout
vers 1960
Huile sur toile
150 × 25 cm

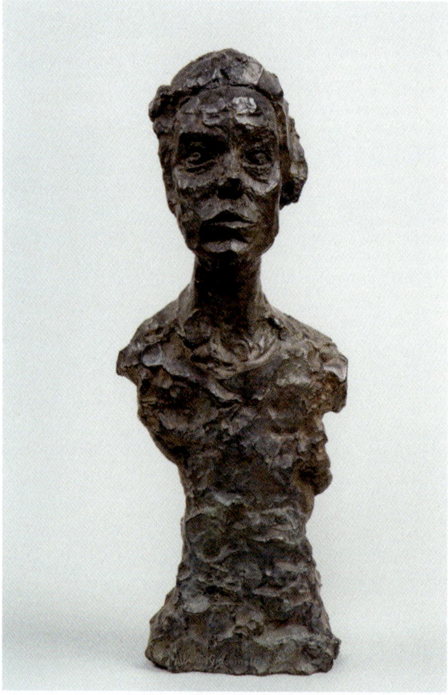

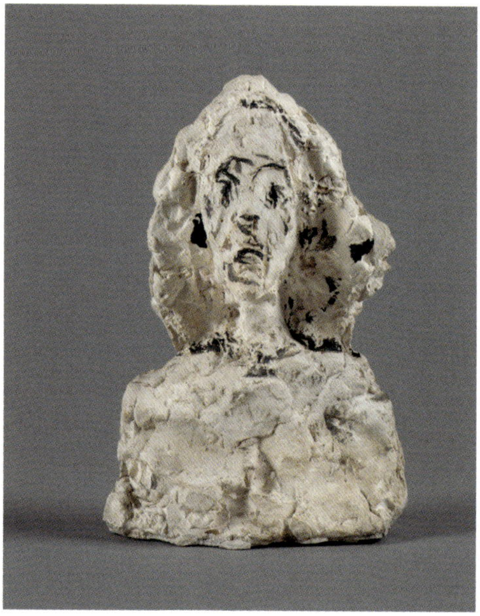

Buste d'Annette IX
1964
Bronze
44,7 × 17,8 × 15 cm

Petit buste d'Annette
vers 1951
Plâtre peint
21,5 × 14,5 × 9,4 cm

Figurine
1961
Bronze
44,4 × 8 × 16,1 cm

Buste d'homme sur socle
1965 – 1966
Plâtre
41,3 × 20,2 × 18,4 cm

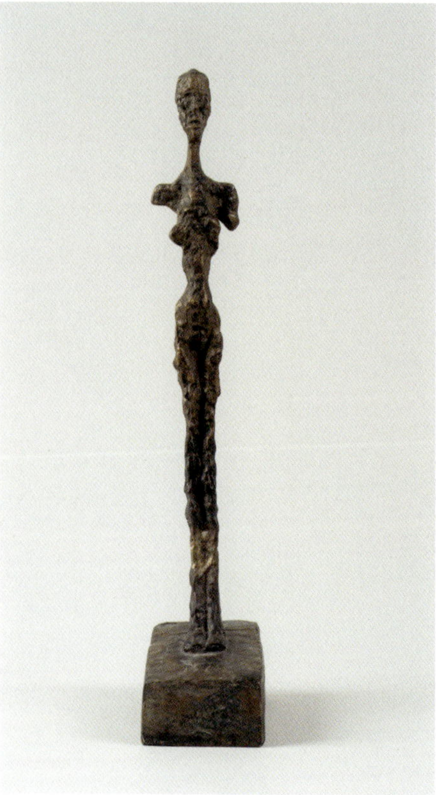

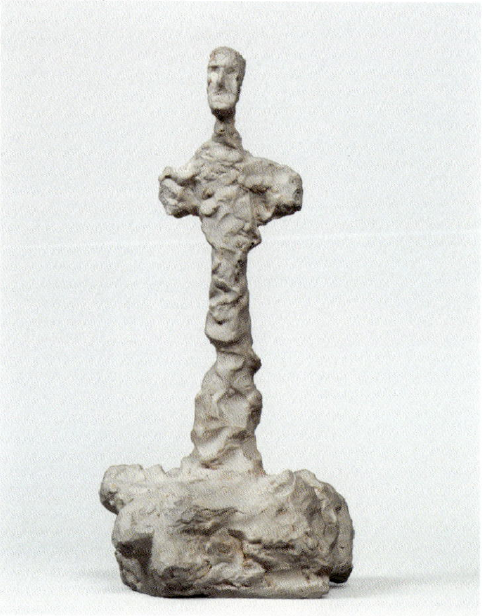

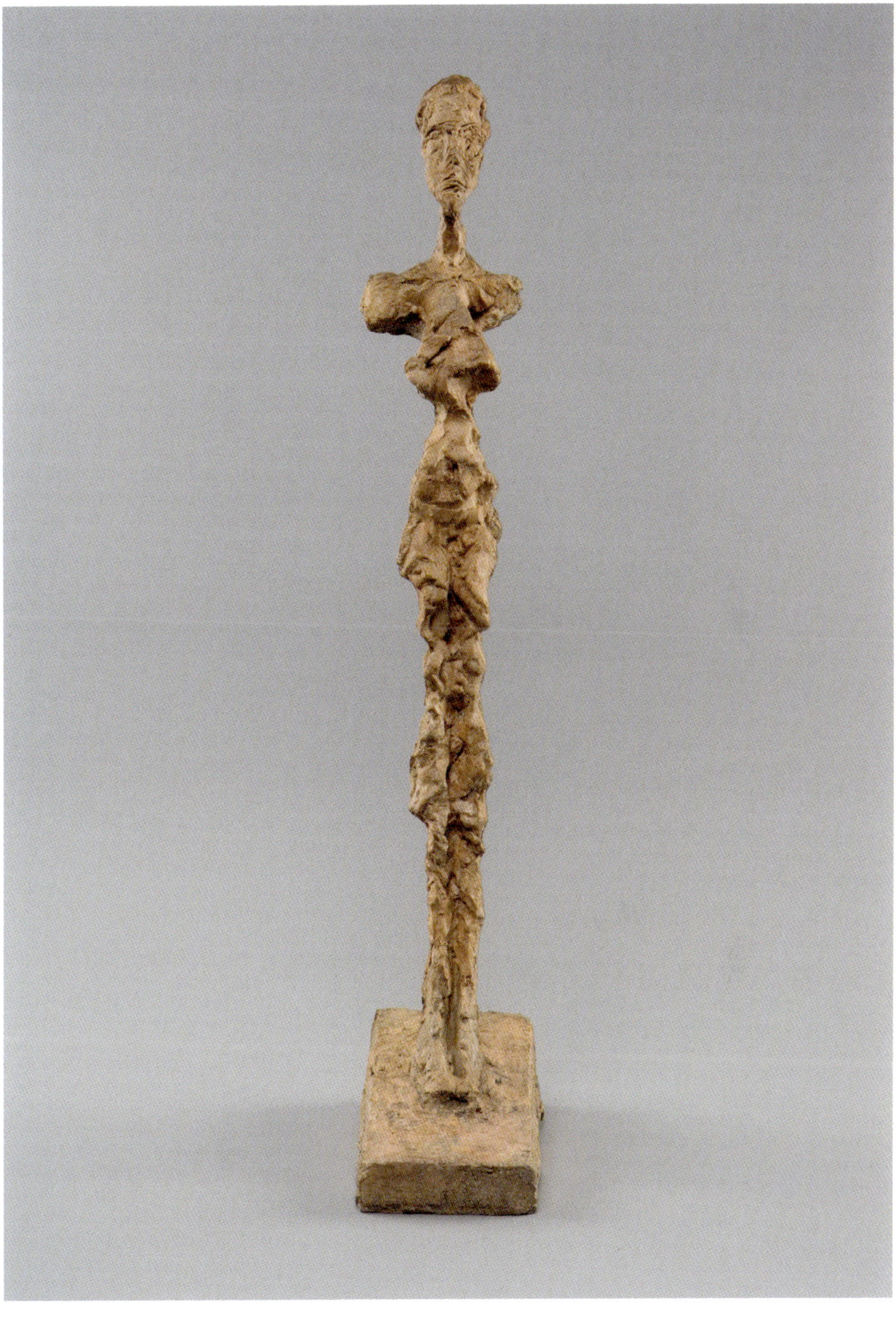

Femme debout, sans bras
1958
Plâtre
65,1 × 11,3 × 21 cm

Hôtel de Rive

Pendant la Seconde Guerre mondiale, Giacometti rejoint Annette, sa mère, à Stampa en Suisse, en passant par Genève où il reste quelque temps. Il produit alors des œuvres minuscules – qui figurent certainement parmi les plus petites de l'histoire de l'art – dans la petite chambre transformée en atelier qu'il occupe à l'*Hôtel de Rive*. La *Toute petite figurine* en plâtre, conservée par l'artiste dans son atelier, est réalisée de mémoire d'après le souvenir d'Isabel, modèle et amie de Giacometti, s'éloignant sur le boulevard Saint-Germain. Elle mesure à peine quelques centimètres et pourtant elle a la monumentalité des *Grandes femmes* que Giacometti réalisa dans les années soixante. À Genève, Giacometti a retrouvé son ami Eli Lotar qui le photographie en train de travailler, laissant un témoignage unique sur ces œuvres dont beaucoup ont disparu.

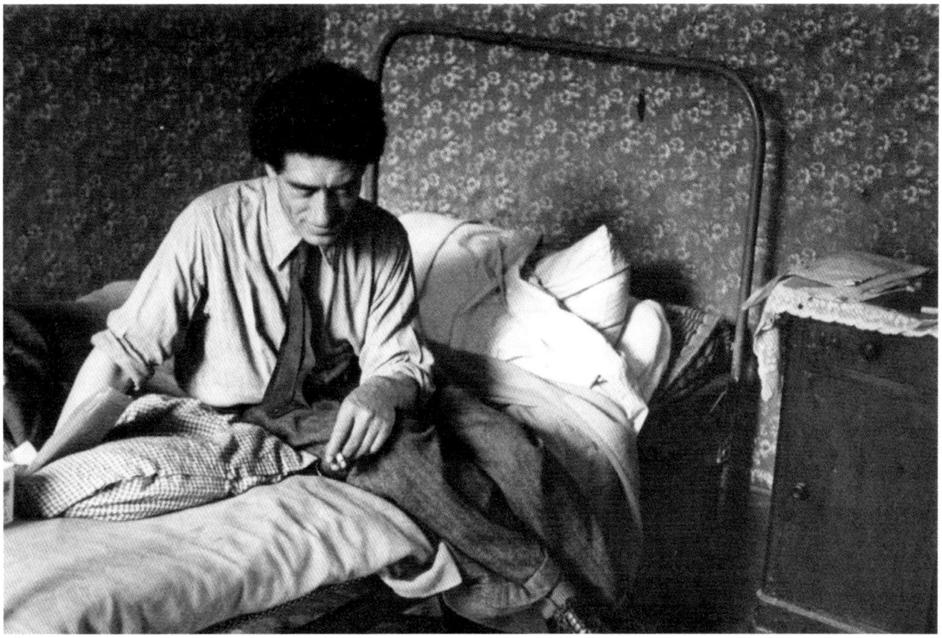

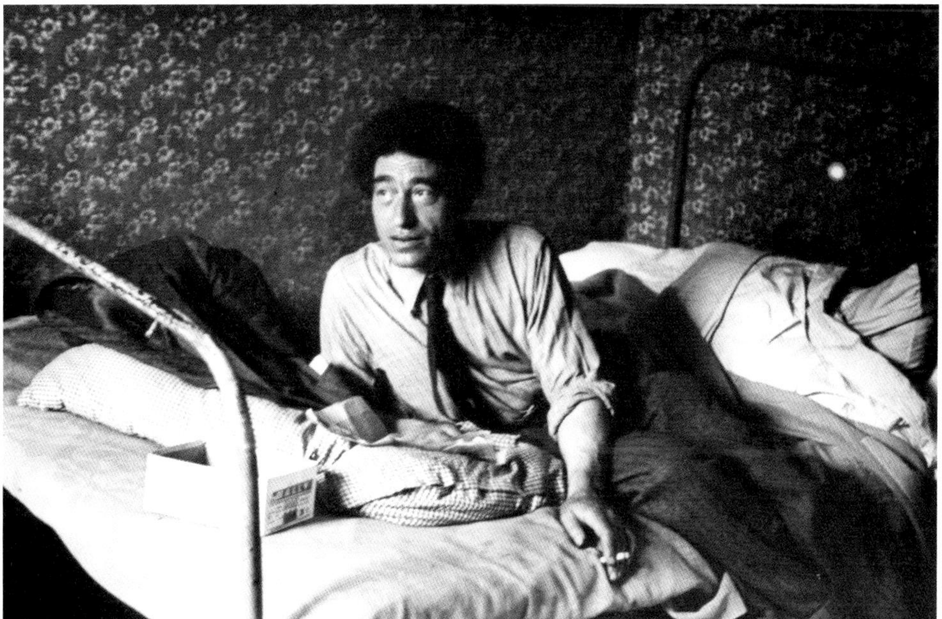

Alberto Giacometti dans
sa chambre à l'*Hôtel de Rive* à Genève,
avant octobre 1944
Photos : Eli Lotar

Hôtel de Rive

During the Second World War, Giacometti joined his mother in Stampa, Switzerland, passing first through Geneva, where he stayed for a time. He there produced small sculptures –which most likely feature among the tiniest in the history of art – in the small room transformed into a studio that he lived in at the *Hôtel de Rive*. The *Very Tiny Figurine* in plaster, kept by the artist in his studio, was produced from memory and portrays Isabel, one of Giacometti's models and friends, walking away down Boulevard Saint Germain. It measures barely a few centimetres and yet it has the monumentality of the *Tall Women* Giacometti created in the 1960s. While in Geneva, Giacometti got together again with his friend Eli Lotar, who photographed him busy working, leaving behind a unique account of these works, many of which have disappeared.

Hôtel de Rive

Durante la Seconda Guerra Mondiale, Giacometti raggiunge sua madre a Stampa, in Svizzera, passando per Ginevra dove si trattiene per qualche tempo. In quel periodo realizza delle opere minuscole, certamente fra le più piccole della storia dell'arte, nella camera trasformata in studio che occupa all'*Hôtel de Rive*. La *Toute petite figurine* in gesso, conservata dall'artista nel suo studio, viene realizzata a memoria dal ricordo di Isabel, modella e amica di Giacometti, che si allontana sul Boulevard Saint Germain. L'opera isura appena qualche centimetro e tuttavia possiede la monumentalità delle *grandes femmes* che Giacometti realizza negli anni '60. A Ginevra, Giacometti ritrova il suo amico Eli Lotar, che lo fotografa mentre lavora, lasciando una testimonianza unica di queste opere, molte delle quali scomparse.

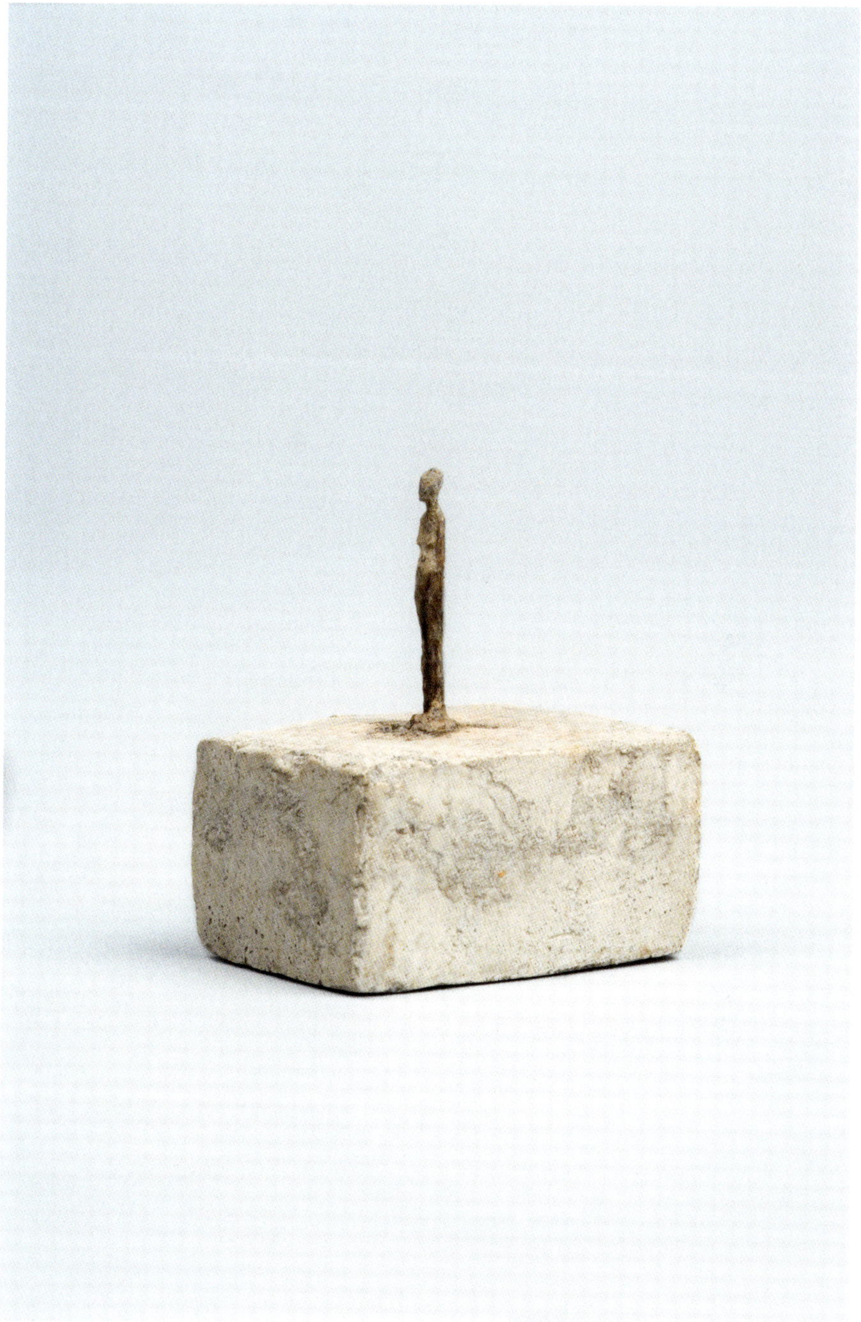

Toute petite figurine
vers 1937 – 1939
Plâtre

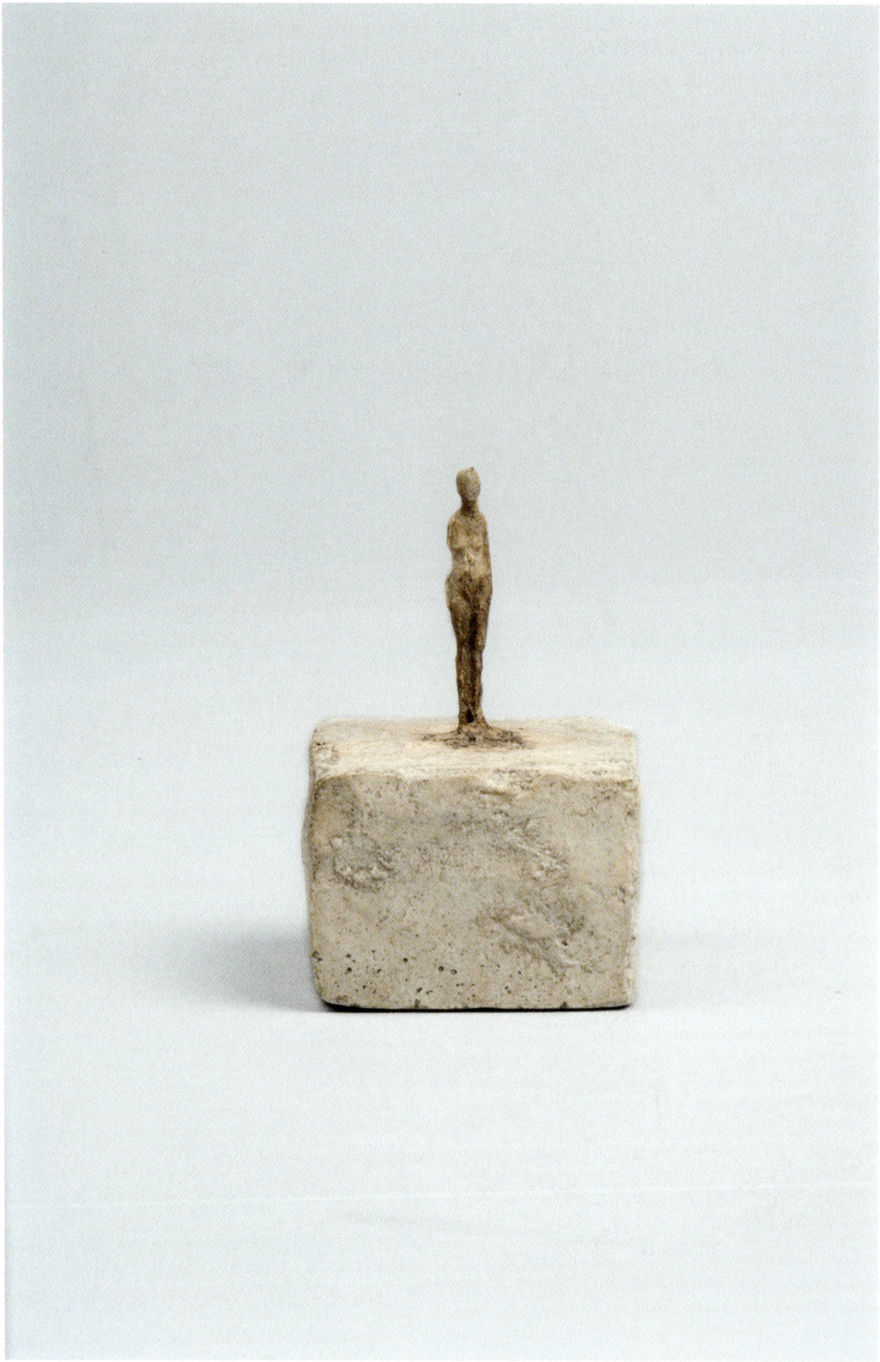

Toute petite figurine
vers 1937 – 1939
Plâtre

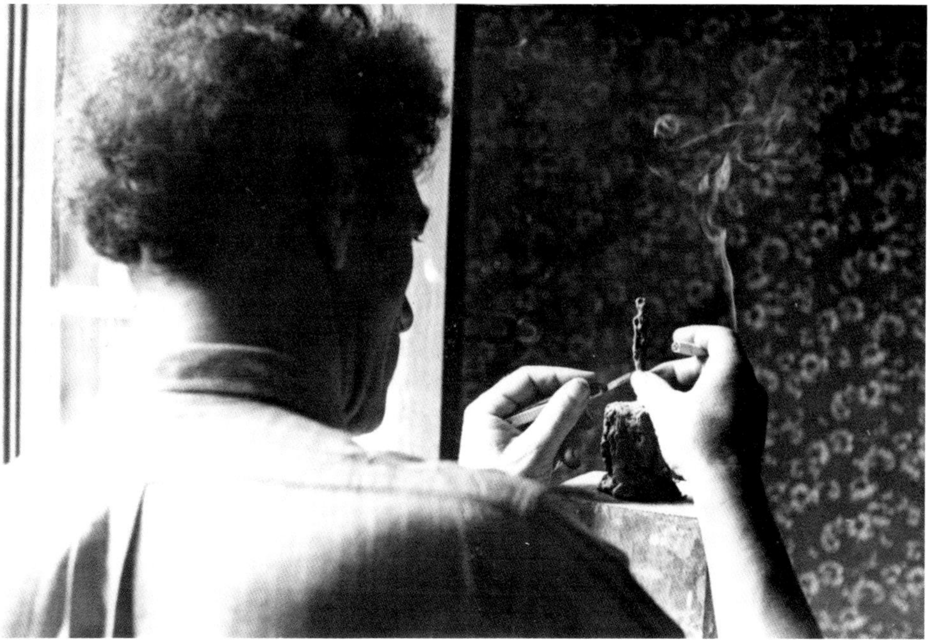

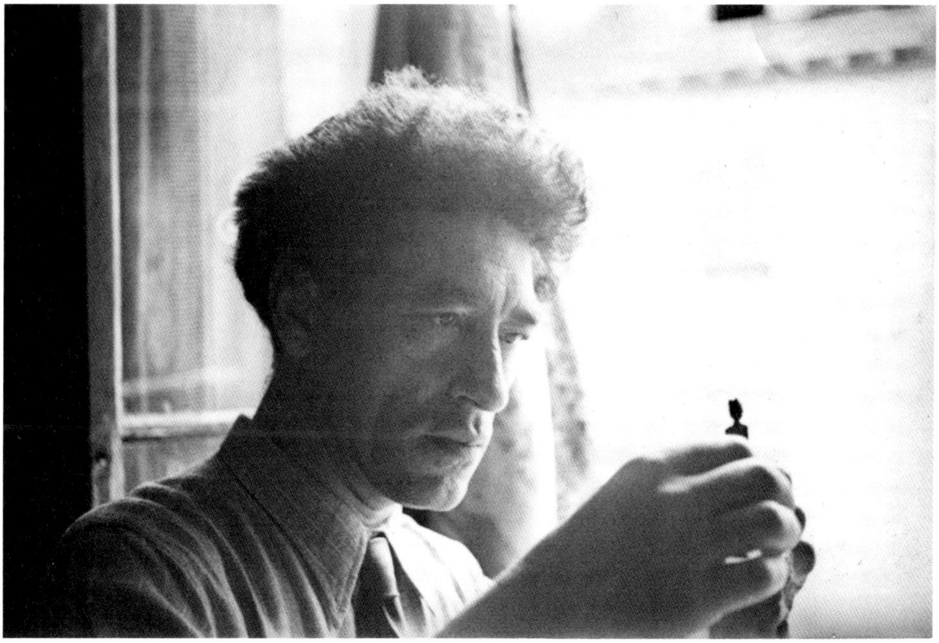

Alberto Giacometti modelant dans
sa chambre à l'*Hôtel de Rive* à Genève,
avant octobre 1944
Photos : Eli Lotar

Les derniers modèles

Comment représenter la figure humaine de la manière la plus ressemblante possible est ce qui occupe le plus Giacometti depuis son retour en 1935 au travail d'après modèle et de manière encore plus forte dans les années soixante. Ses proches et ses amis passent de longues heures, assis sur un tabouret, à poser dans le froid de l'atelier, pendant qu'il peint ou sculpte inlassablement avec le sentiment de ne jamais parvenir à restituer ce qu'il voit. Pour Giacometti il s'agit moins de « représenter quelqu'un comme on le connaît, mais comme on le voit », la ressemblance n'étant pas dans la représentation réaliste des traits d'un visage, mais dans la traduction de la vision de l'artiste. Durant les dernières années, Caroline et Eli Lotar rejoignent les modèles historiques de Giacometti : sa femme Annette et son frère Diego. L'artiste travaillant simultanément à plusieurs œuvres, ils se prêtent volontiers, à tour de rôle, à l'épuisant exercice de la pose.

PAGE DE DROITE
Dans l'atelier de Giacometti, 1965
Planche contact
Photos : Eli Lotar

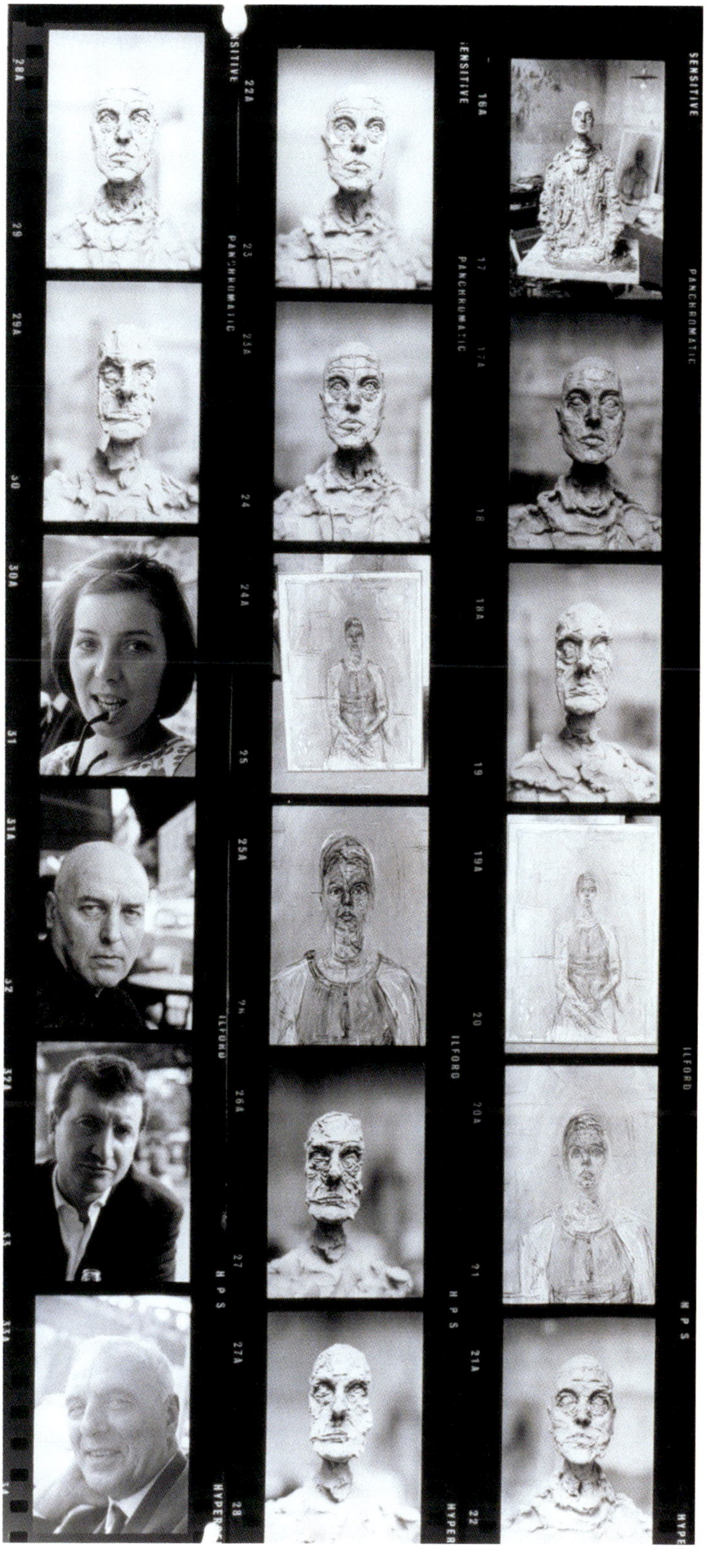
SENSITIVE
PANCHROMATIC
ILFORD
H P S
HYPER

The last models

How does one depict the human figure in a way that most closely resembles reality was a subject that preoccupied Giacometti once he returned to working from life in 1935, and even more so in the 1960s. His family and friends spent long hours, sitting on a stool, posing in the cold studio, while Giacometti tirelessly painted or sculpted, plagued by the feeling that he never managed to recreate what he saw. For Giacometti, it was less a question of "representing someone as we know them than as we see them," the resemblance not residing in the realistic representation of a face's features but in conveying the artist's vision. During the final years, Caroline and Eli Lotar joined Giacometti's historic models: his wife Annette and his brother Diego. Because the artist worked on several works simultaneously, his models willingly sat for him in turn, giving themselves over to the exhausting exercise of posing.

Gli ultimi modelli

Dal suo ritorno nel 1935, e in modo ancor più deciso negli anni '60, ciò che più impegna il lavoro di Giacometti con i suoi modelli è la rappresentazione della figura umana il più possibile somigliante alla realtà. I suoi familiari e i suoi amici passano lunghe ore seduti su uno sgabello a posare nello studio freddo, mentre Giacometti dipinge o scolpisce senza tregua, con la sensazione di non riuscire mai a rendere quello che vede. Per Giacometti, non importa tanto "rappresentare qualcuno come lo si conosce, ma come lo si vede" poiché la rassomiglianza non sta nella rappresentazione realistica dei tratti di un volto ma nell'esprimere la visione dell'artista. Negli ultimi anni, Caroline ed Eli Lotar si aggiungono ai modelli storici di Giacometti, sua moglie Annette e suo fratello Diego. Poiché l'artista lavora simultaneamente a varie opere, ciascuno di essi, a turno, si presta volentieri allo spossante esercizio del posare.

1913

- 1913 à 1966

Diego Giacometti (1902-1985)

Frère de Giacometti

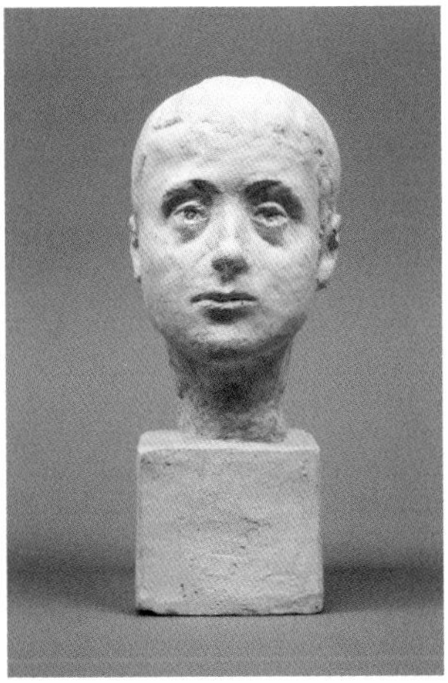

***Tête de Diego enfant*,**
vers 1914 – 1915
Plâtre
27 × 11,1 × 13,8 cm

1946

- 1946 à 1965

Annette Giacometti (1923-1993)

Née Annette Arm, épouse de Giacometti

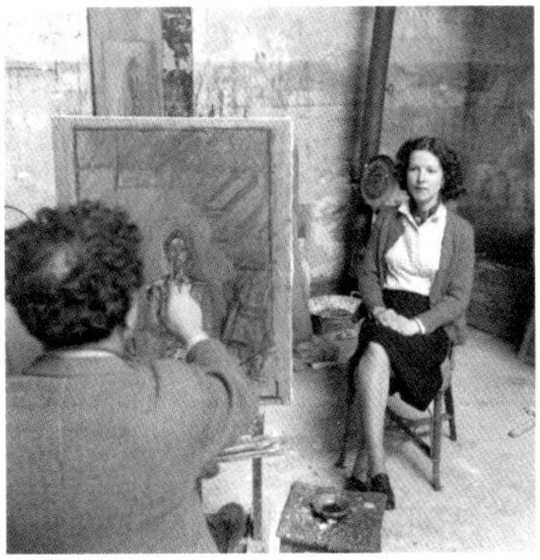

Alberto Giacometti peignant le portrait d'Annette dans l'atelier,
1954
Photo : Sabine Weiss

1959

- 1959 à 1965

Caroline (Yvonne Tamagno) (née en 1938)

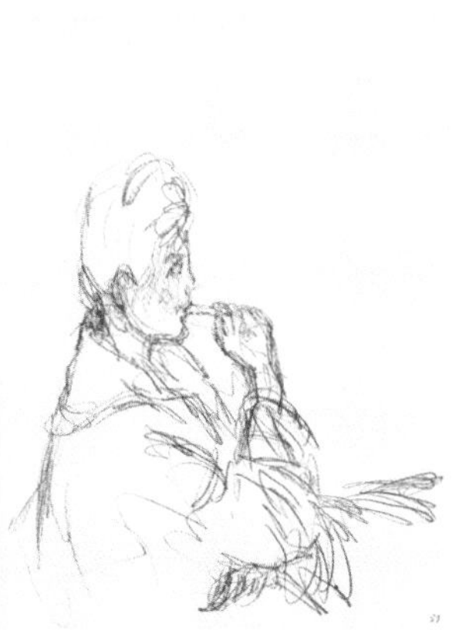

Caroline Chez Adrien, rue Vavin I
avant 1961
Planche 51
de *Paris sans fin*
Lithographie
42,5 × 32,5 cm

1964

- 1964 à 1966

Eli Lotar (Eliazar Lotar Teodorescu dit) (1905-1969)

Photographe

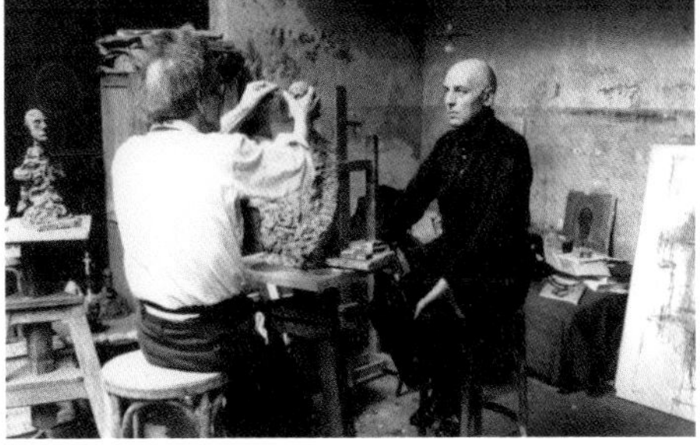

Alberto Giacometti modelant un buste d'Eli Lotar
Photo : Giorgio Soavi

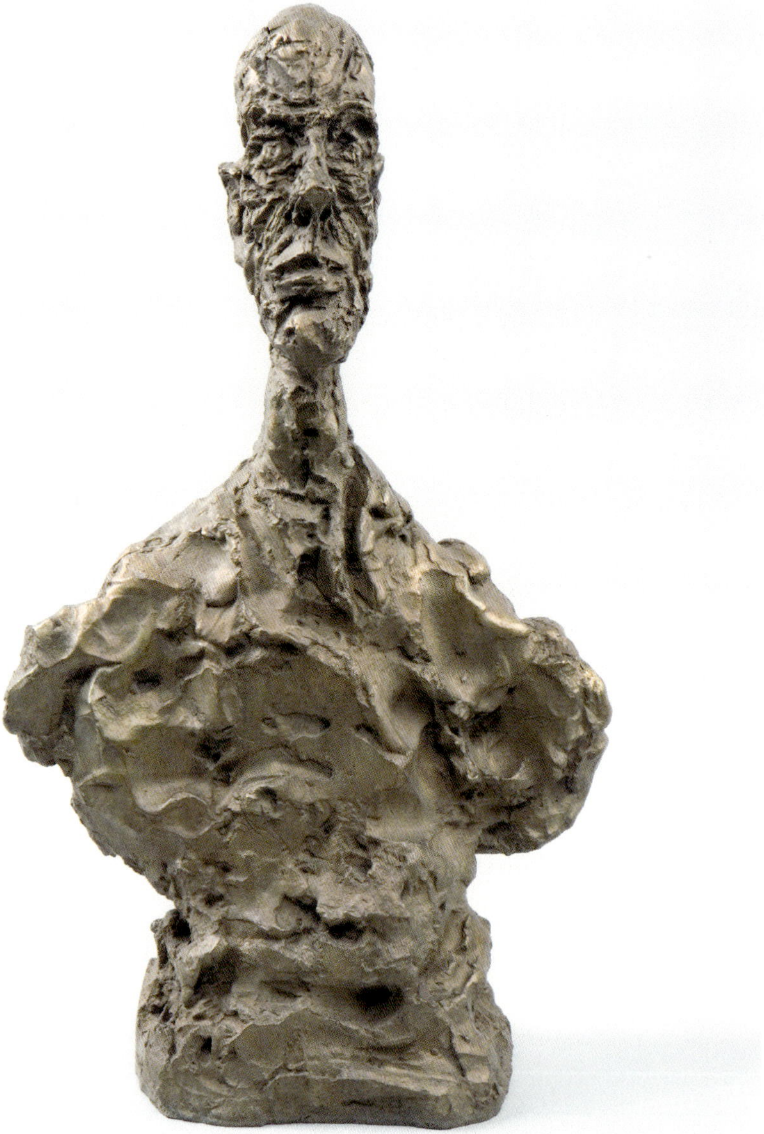

Buste d'homme,
1961
Bronze
45,7 × 27,1 × 16,2 cm

Diego

Dès son plus jeune âge, Alberto Giacometti prend son frère Diego pour modèle. En 1962, tandis qu'il rédige sa notice biographique pour la monographie que lui consacre Jacques Dupin, Giacometti écrit : « [...] exécute sa première sculpture, un buste de Diego d'après nature, en 1914 ». Alberto Giacometti est alors âgé de 13 ans. Jusqu'à sa mort, il reviendra sur le portrait de Diego, démultipliant les tentatives de saisir le visage toujours changeant de son frère. Au cours des années soixante s'opère un basculement perceptible dans la représentation de Diego, dont les traits singuliers finissent par s'estomper pour prendre ceux d'un homme « générique » expression de tous les hommes.

Diego

Right from when he was very young, Alberto Giacometti used his younger brother Diego as a model. In 1962, when he wrote his biographical notes for the monograph dedicated to him by Jacques Dupin, Giacometti wrote: "Made his first sculpture, a bust from life of Diego, in 1914." Giacometti was then thirteen years old. Until his death, he would continue to work on Diego's portrait, multiplying his attempts to capture his brother's constantly changing face. During the 1960s, a perceptible shift took place in the way Diego was portrayed, his singular features became blurred in order to take on those of a "generic" man, the expression of all men.

Diego

Fin da giovanissimo, Alberto Giacometti si serve di suo fratello Diego come modello. Nel 1962, redigendo la propria scheda biografica, per la monografia di Jacques Dupin a lui dedicata, Giacometti scrive: "realizza la sua prima scultura, un busto di Diego dal vero, nel 1914". All'epoca, Alberto Giacometti ha tredici anni. Fino alla morte, tornerà sul ritratto di Diego, moltiplicando i tentativi di cogliere il volto del fratello, che cambia continuamente. Durante gli anni '60, avviene infatti un cambiamento percettibile nella rappresentazione di Diego, i cui tratti caratteristici finiscono per dissolversi assumendo quelli di un uomo "generico", espressione di tutti gli uomini.

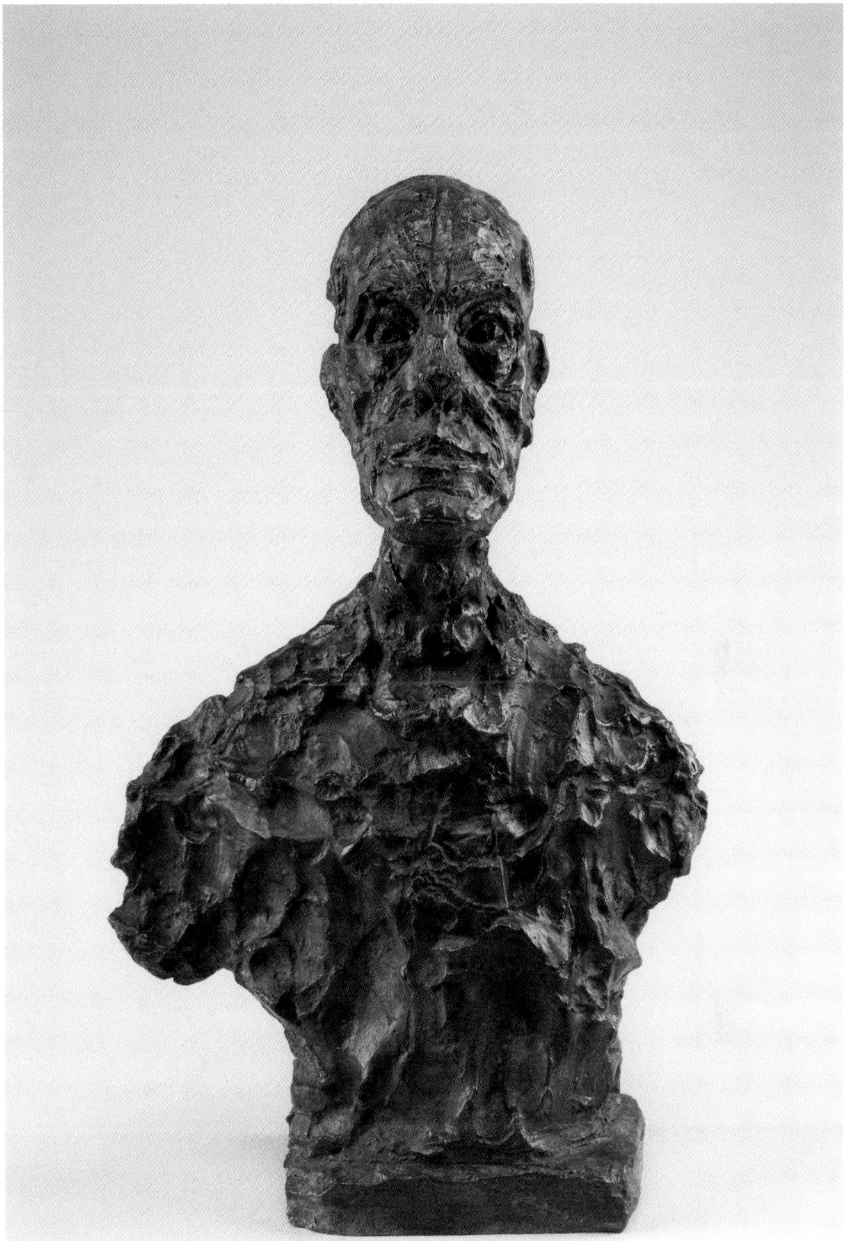

Buste de Diego
1962 – 1964
Bronze
44,3 × 27,4 × 16 cm

Annette

Giacometti rencontre Annette Arm en Suisse en 1944 alors qu'il est réfugié à Genève. Elle le rejoint à Paris après la guerre et devient sa femme, ainsi que son principal modèle posant régulièrement à partir de 1946. Elle sera représentée sur près de 180 œuvres, toutes techniques confondues, réalisées par l'artiste entre 1946 et sa mort. En 1965, Giacometti semble loin d'avoir épuisé son modèle et réalise encore une nouvelle série de bustes d'Annette qui seront les derniers.

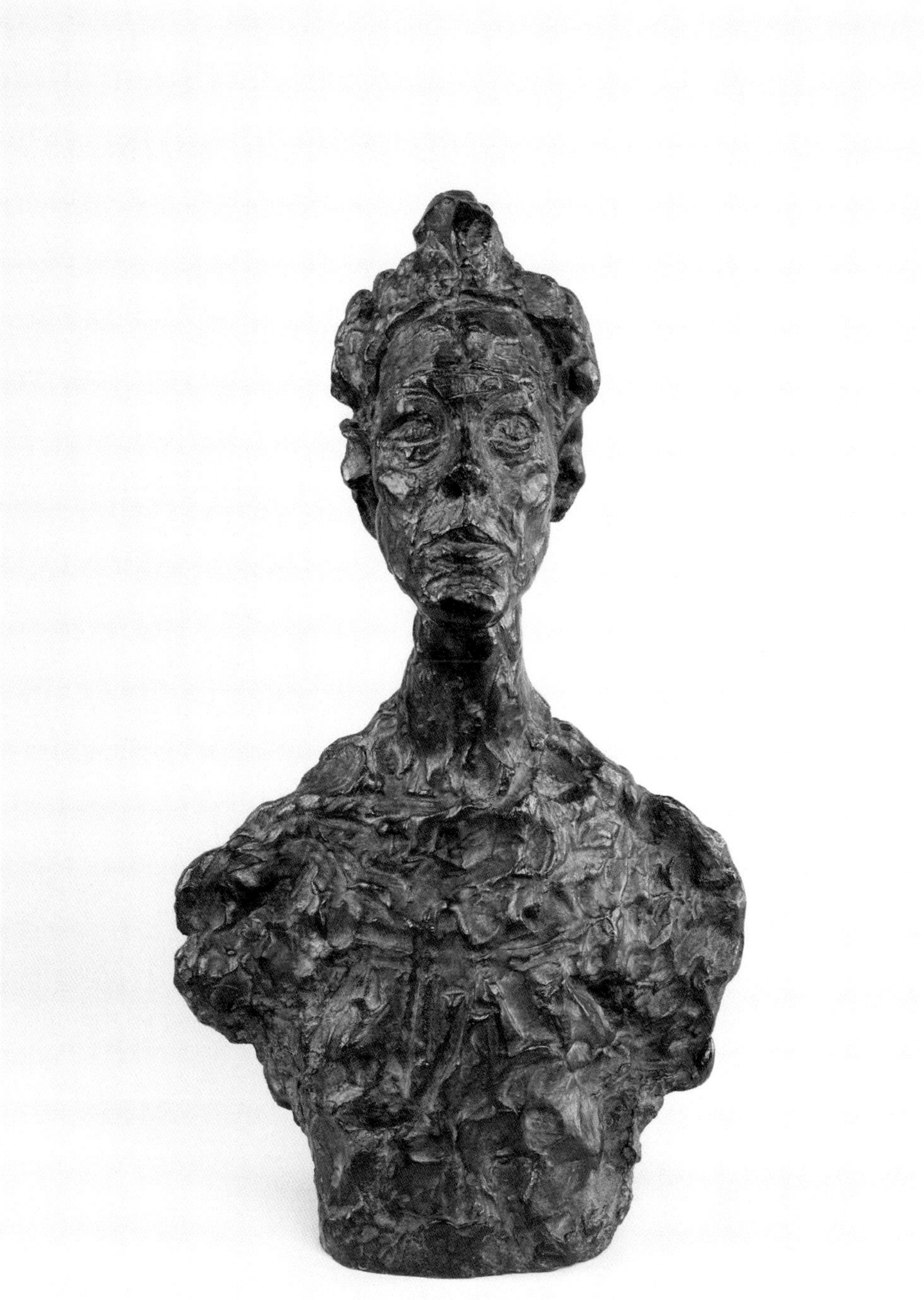

Buste d'Annette **(dit *Venise*)**
1962
Bronze
46,2 × 26,5 × 16,2 cm

Annette

Giacometti met Annette Arm in Switzerland in 1944 when he had taken refuge in Geneva. She joined him in Paris after the war and became his wife and main model, regularly sitting for him from 1946. She would be portrayed in nearly 180 works, all techniques combined, produced by Giacometti between 1946 and his death. In 1965, he seemed to be a long way from having his exhausted his model's potential and produced yet another series of busts of Annette, which would be his last works.

Annette

Nel 1944, rifugiato a Ginevra in Svizzera, Giacometti incontra Annette Arm, che lo raggiunge a Parigi dopo la guerra diventando sua moglie e la sua principale modella, posando regolarmente dal 1946. Verrà rappresentata in quasi 180 opere, realizzate da Giacometti con qualsiasi tecnica, fra il 1946 e la sua morte. Nel 1965, lungi dall'avere esaurito la fonte d'ispirazione derivante dalla sua modella, Giacometti realizza una nuova serie di busti di Annette, gli ultimi a ritrarla.

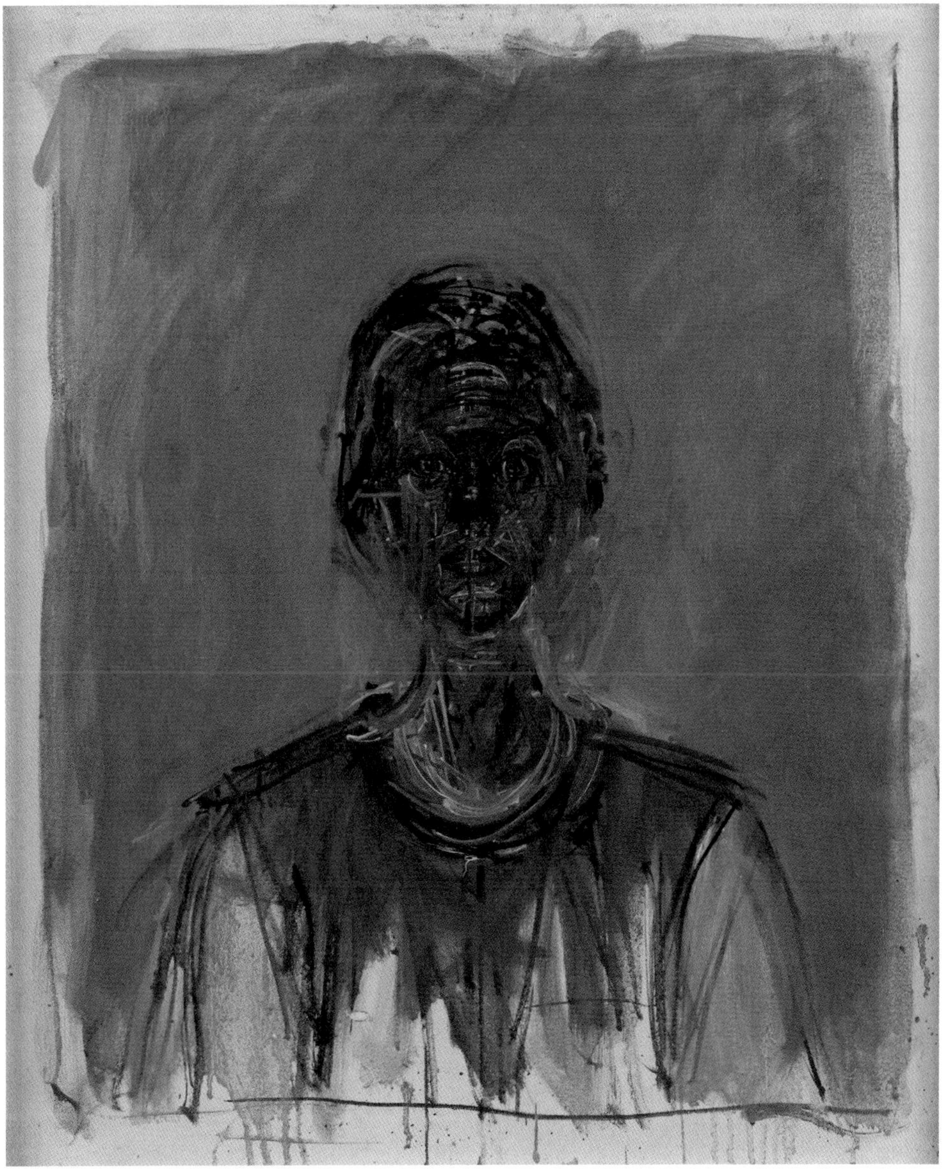

Annette noire
1962
Huile sur toile
55 × 45,8 cm

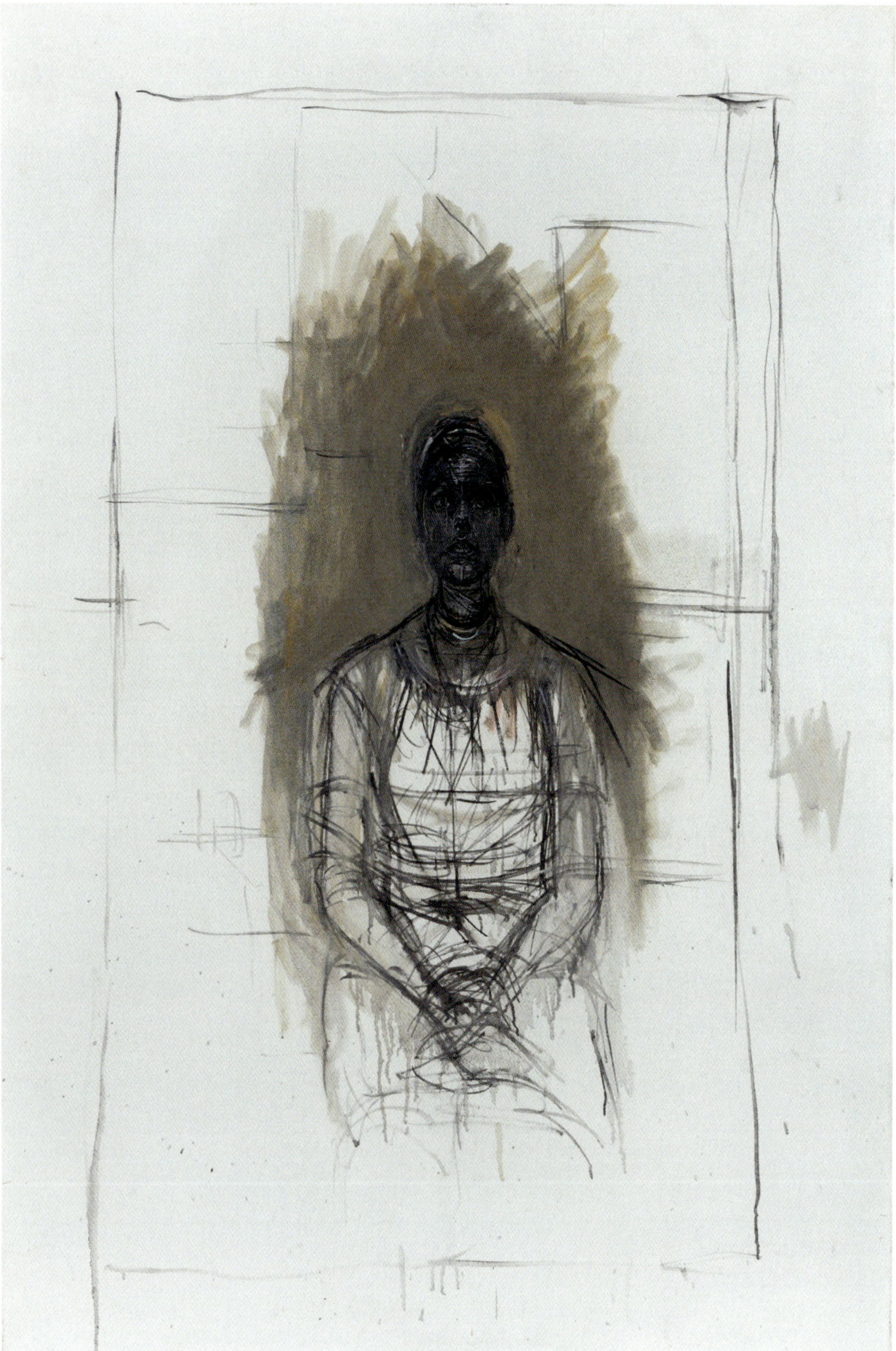

Caroline
1965
Huile sur toile
130 × 89 cm

Caroline

Giacometti rencontre Caroline dans l'un des bars de nuit qui font les heures chaudes de Montparnasse. Elle a 20 ans, il a passé la soixantaine et trouve en la jeune femme un dernier modèle féminin dont il explore les traits. De 1961 à 1965, les peintures qu'il réalise d'après Caroline sont les œuvres majeures de cette période. Exubérante et extravagante, la jeune femme le pousse hors de l'atelier, le conduisant dans tout Paris dans le coupé cabriolet que l'artiste lui a offert. Giacometti en profite pour dessiner sur le vif au crayon lithographique les planches du livre à venir : *Paris sans fin* et sur tous les supports qui lui passent sous la main.

Caroline

Giacometti met Caroline in one of the night bars that lit up Montparnasse. She was twenty years old, he was over sixty and found in this young woman a last female model to explore. The paintings Giacometti produced of Caroline between 1961 and 1965 are among the major works from this period. Exuberant and extravagant, the young woman pushed Giacometti outside his studio, driving him around Paris in the sports car that he'd offered her. Giacometti took advantage of the passenger seat to draw from nature in lithographic pencil the plates for a future book, *Paris Without End*, and on any piece of paper that passed through his hands.

Caroline

Giacometti incontra Caroline in un locale notturno alla moda a Montparnasse. Lei ha 20 anni, lui ha passato la sessantina e trova nella giovane donna un'ultima modella di cui esplorare i tratti. I ritratti di Caroline eseguiti da Giacometti sono le opere più importanti del periodo compreso tra il 1961 e il 1965. Esuberante e stravagante, la giovane donna spinge Giacometti fuori dallo studio, portandolo in giro per tutta Parigi nella coupé cabriolet che l'artista le ha regalato. Giacometti ne approfitta per disegnare dal vero, con la matita litografica, le tavole del futuro libro *Paris sans fin*, su qualsiasi supporto gli passi fra le mani.

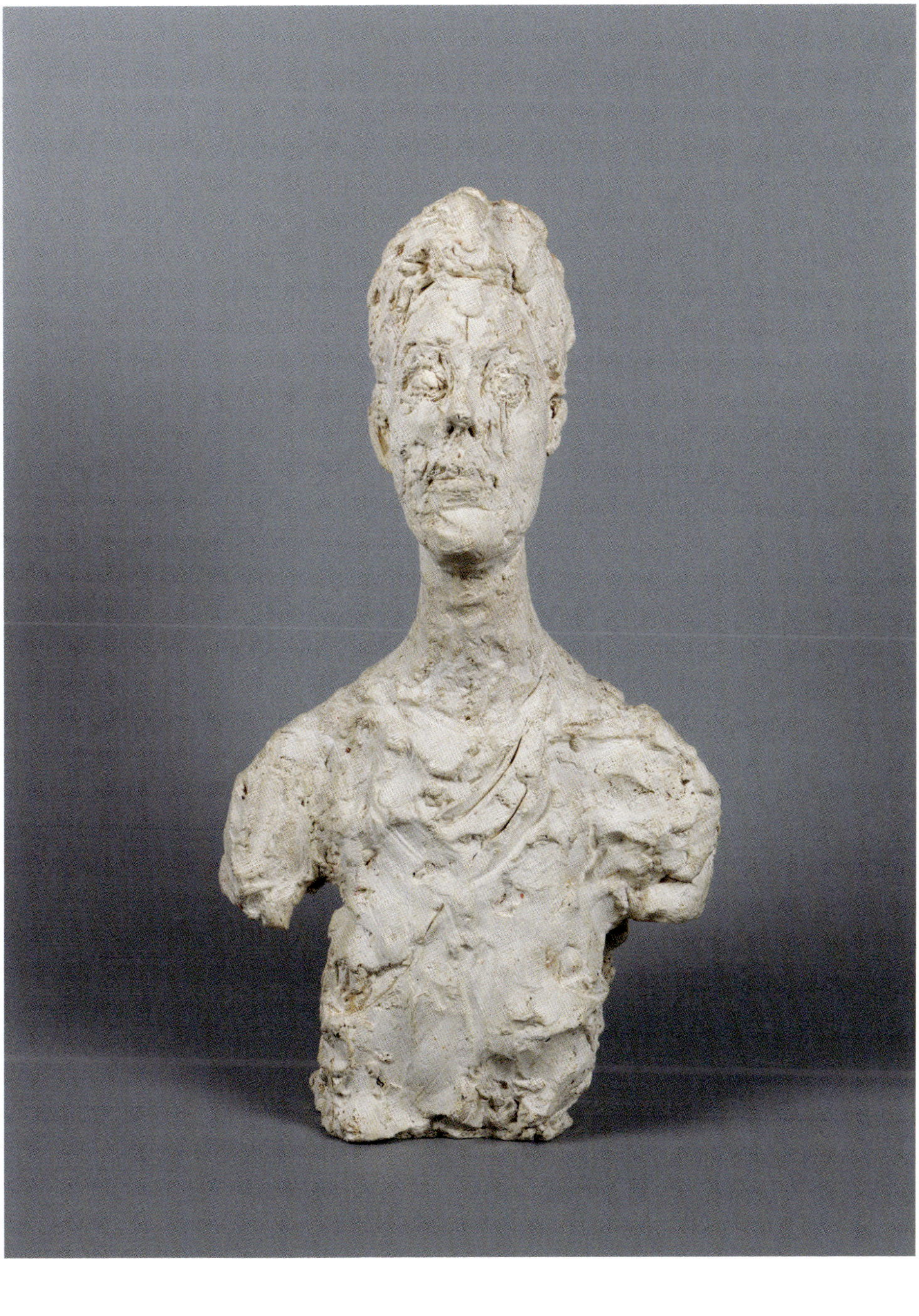

Caroline
1961
Plâtre
48 × 28 × 16 cm

Giorgio Soavi

En dehors de ses modèles principaux, Giacometti accepte à de rares occasions de faire le portrait de personnalités de son entourage. Il rencontre le poète et romancier italien Giorgio Soavi en 1962. Celui-ci pose pour lui l'année suivante dans l'atelier paternel de Stampa en Suisse. Giacometti réalise deux peintures, dont l'une sera dédicacée et offerte à Soavi en 1965 et dont l'autre restera dans l'atelier parisien. Soavi, témoin d'une des séances de pose d'Eli Lotar, décrit dans le texte qu'il consacre à Giacometti son impression d'assister au « combat entre le condamné et son bourreau ».

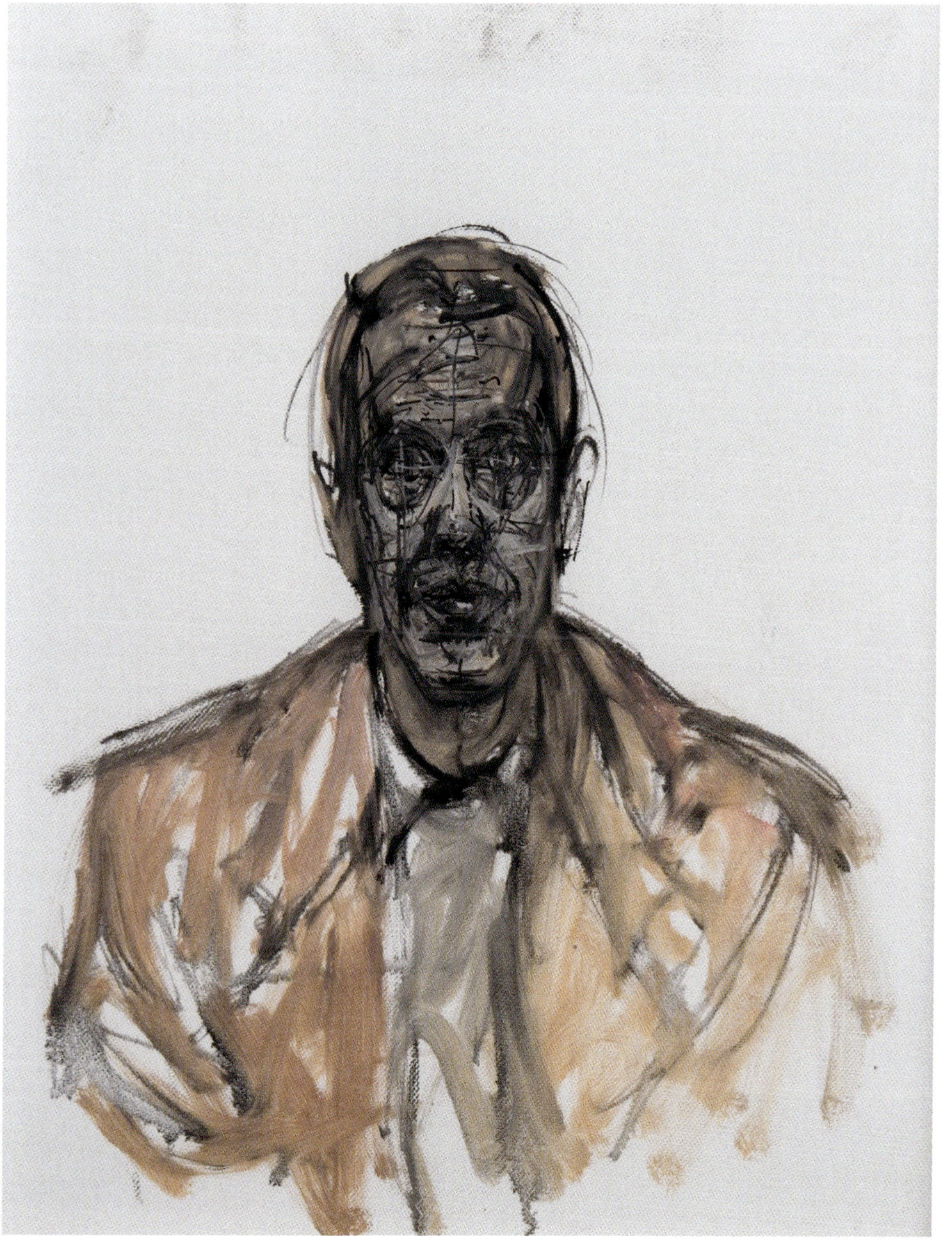

Giorgio Soavi
1963
Huile sur toile
50 × 40 cm

Giorgio Soavi

Apart from his main models, on rare occasions, Giacometti accepted to do the portraits of personalities in his circle. He met the Italian poet and novelist Giorgio Soavi in 1962. Soavi posed for him the following year in Giacometti's father's studio in Stampa, Switzerland. Giacometti produced two paintings, one of which was autographed and offered to Soavi in 1965, while the other would remain in the Parisian studio. Soavi, witness to Eli Lotar's sittings, would describe in the text he wrote about Giacometti his feeling of watching a "battle between the condemned man and his executioner."

Giorgio Soavi

Oltre ai suoi modelli principali, in rare occasioni Giacometti accetta di ritrarre personalità del suo ambiente. Nel 1962 incontra il poeta e romanziere italiano Giorgio Soavi, che l'anno seguente posa per lui nello studio paterno di Stampa, in Svizzera. Giacometti realizza due quadri, di cui uno sarà dedicato e regalato a Soavi nel 1965, mentre l'altro resterà nello studio parigino. Soavi, testimone di una delle sedute di posa di Eli Lotar, descriverà nel testo che consacra a Giacometti l'impressione di avere assistito alla "lotta tra il condannato e il suo boia".

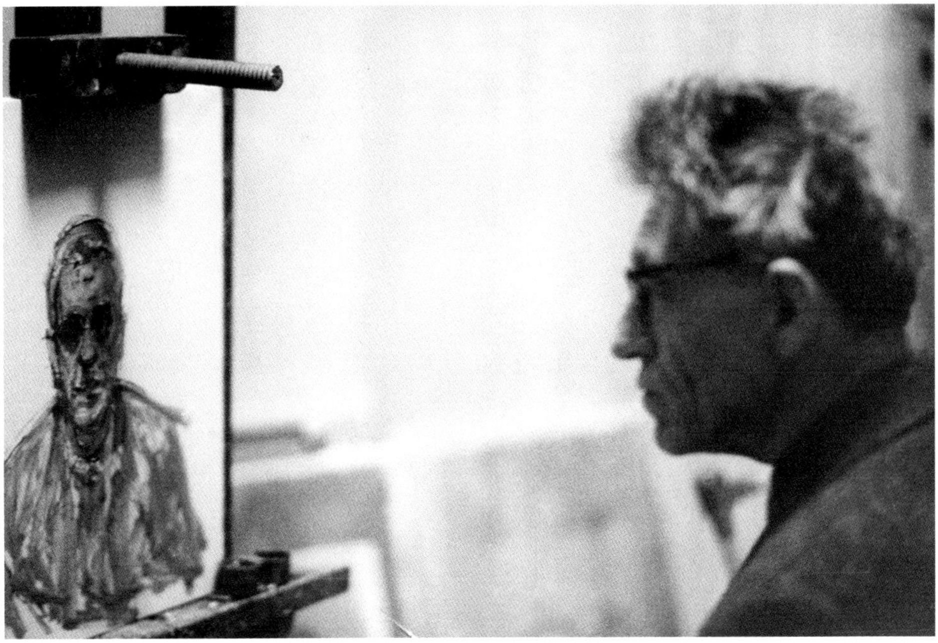

Alberto Giacometti dans son atelier à Stampa,
peignant le portrait de Giorgio Soavi
novembre 1963
Photo : Giorgio Soavi

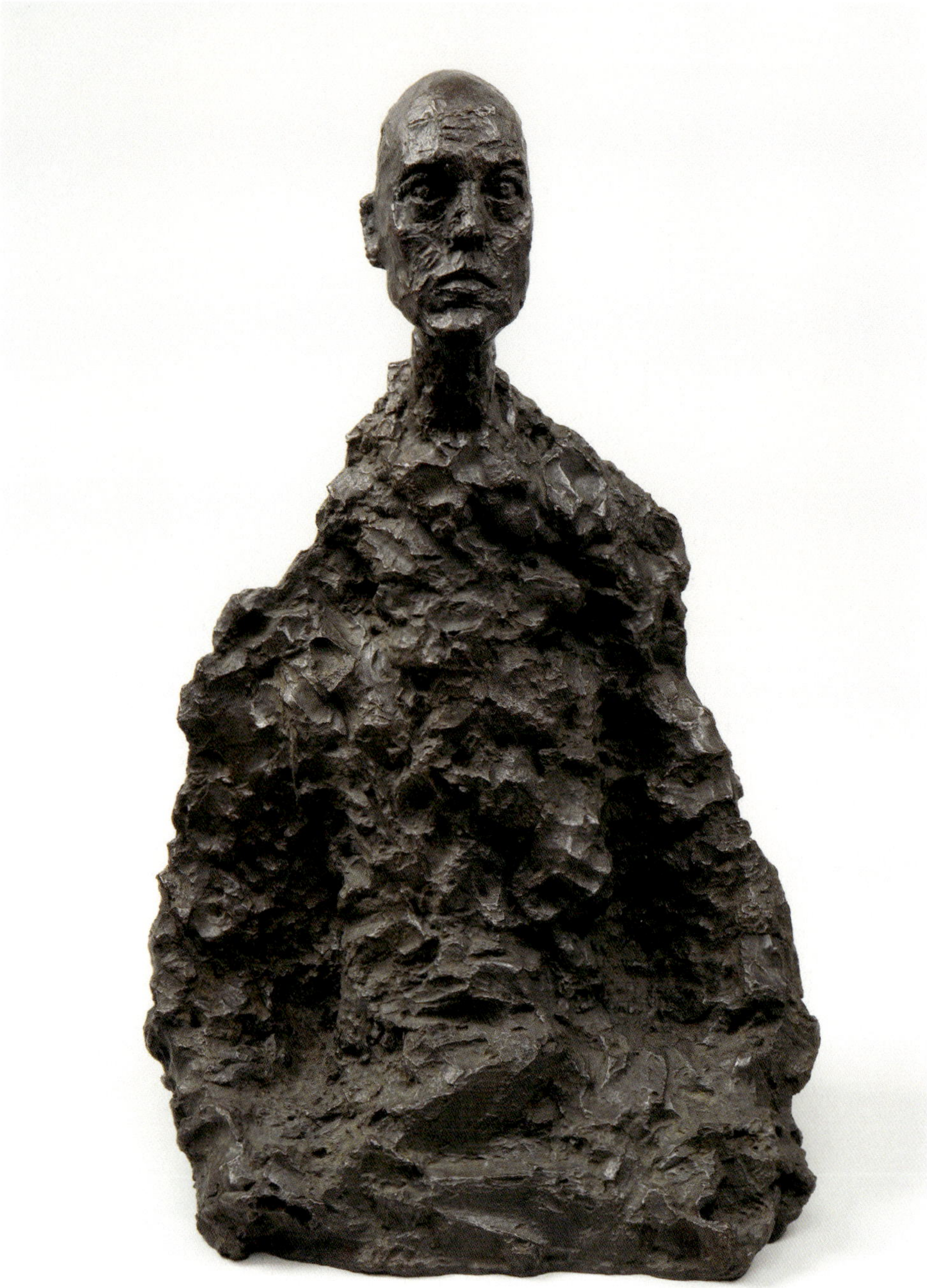

Buste d'homme (Lotar II)
vers 1964 – 1965
Bronze
58,2 × 37,5 × 25,9 cm

Lotar, l'homme paysage

Entre 1964 et 1966, Giacometti retrouve de nouveau Lotar à Paris et l'invite à poser pour lui. Il sera son tout dernier modèle, contribuant par son physique particulier et l'intensité de son regard aux œuvres spectaculaires des dernières années de l'artiste. Les œuvres de cette époque témoignent d'une nouvelle transformation de sa vision de la réalité. Les têtes vibrantes émergent d'une sorte de magma dans lequel parfois elles se fondent, opérant une fusion de l'organique et du minéral. Giacometti souhaite alors « tout reprendre à la base, tel qu'il voit les êtres et les choses, surtout les êtres et leurs têtes, les yeux à l'horizon ». Il est dans une phase de doute et note dans ses carnets : « Je ne comprends plus rien à la vie, à la mort, à rien. »

Lotar, the man landscape

Between 1964 and 1966, Giacometti met up with Lotar again and invited him to pose for him. He would be the artist's very last model, contributing with his particular physical appearance and the intensity of his gaze to the spectacular works of the artist's final years. The works of this period testify to a new transformation of Giacometti's vision of reality. The vibrant heads emerged from a kind of magma into which they sometimes melted, creating a fusion of the organic and the mineral. Giacometti wanted to then "start over from the beginning," the way he saw "people and things, particularly human beings and their heads, eyes on the horizon." He was going through a phase of doubt and jotted in his notebooks "I no longer understand a thing about life or death, not a thing."

Lotar, l'uomo paesaggio

Fra il 1964 e il 1966, Giacometti ritrova a Parigi Lotar, che invita a posare per lui. Sarà il suo ultimo modello, che contribuirà, con il suo fisico particolare e l'intensità dello sguardo, alle opere spettacolari degli ultimi anni dell'artista. Le opere di questo periodo testimoniano una nuova trasformazione della sua visione della realtà. Le teste vibranti emergono da una sorta di magma nel quale a volte si fondono, effettuando una fusione tra organico e minerale. Giacometti vuole "riprendere tutto alla base, come vede gli esseri e le cose, soprattutto gli esseri e le loro teste, gli occhi all'orizzonte". Vive una fase di dubbio e scrive nei suoi quaderni "non capisco più nulla della vita, della morte, di nulla".

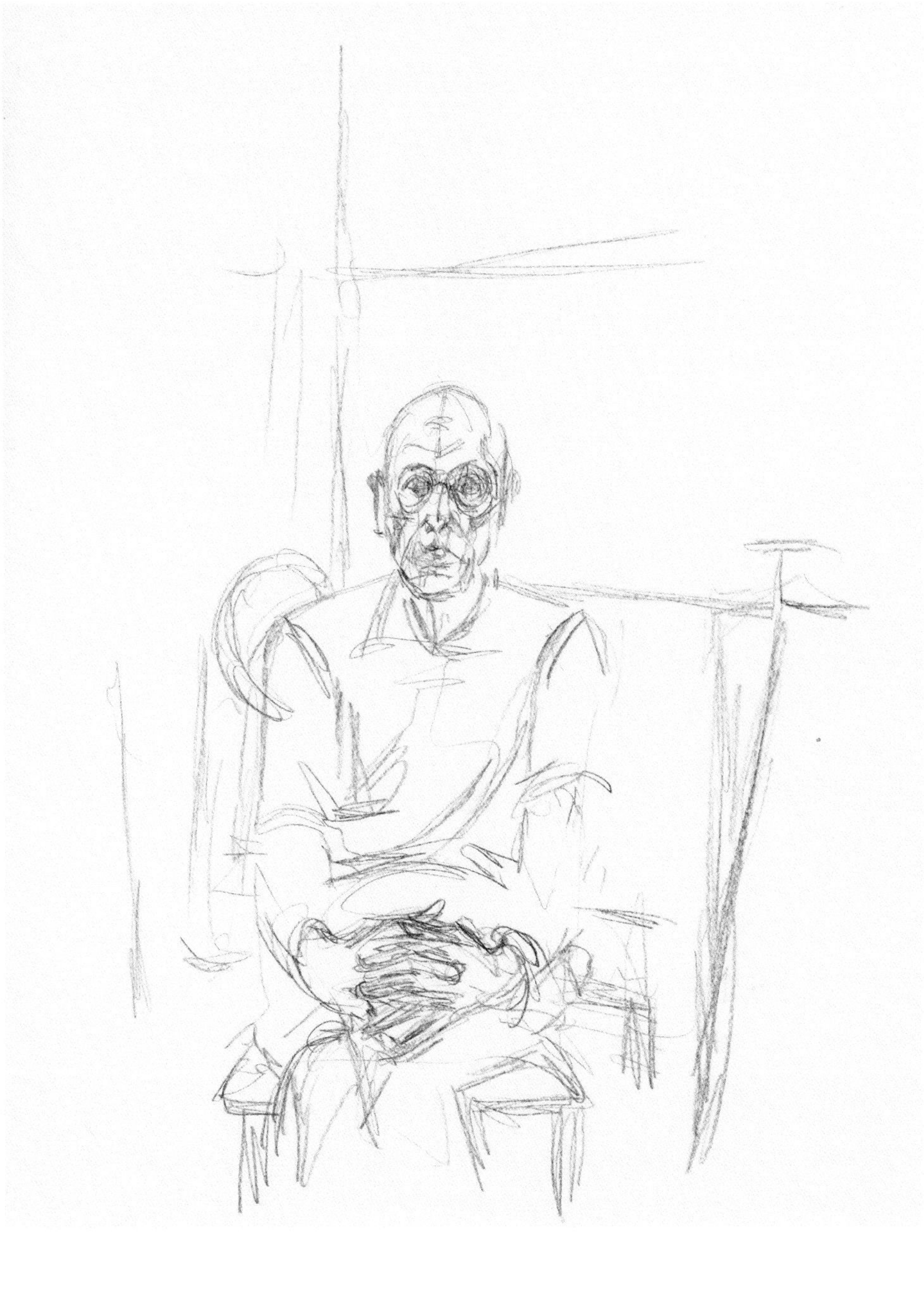

Lotar assis, mains croisées
n. d.
Crayon lithographique sur papier report
41,9 × 32,1 cm

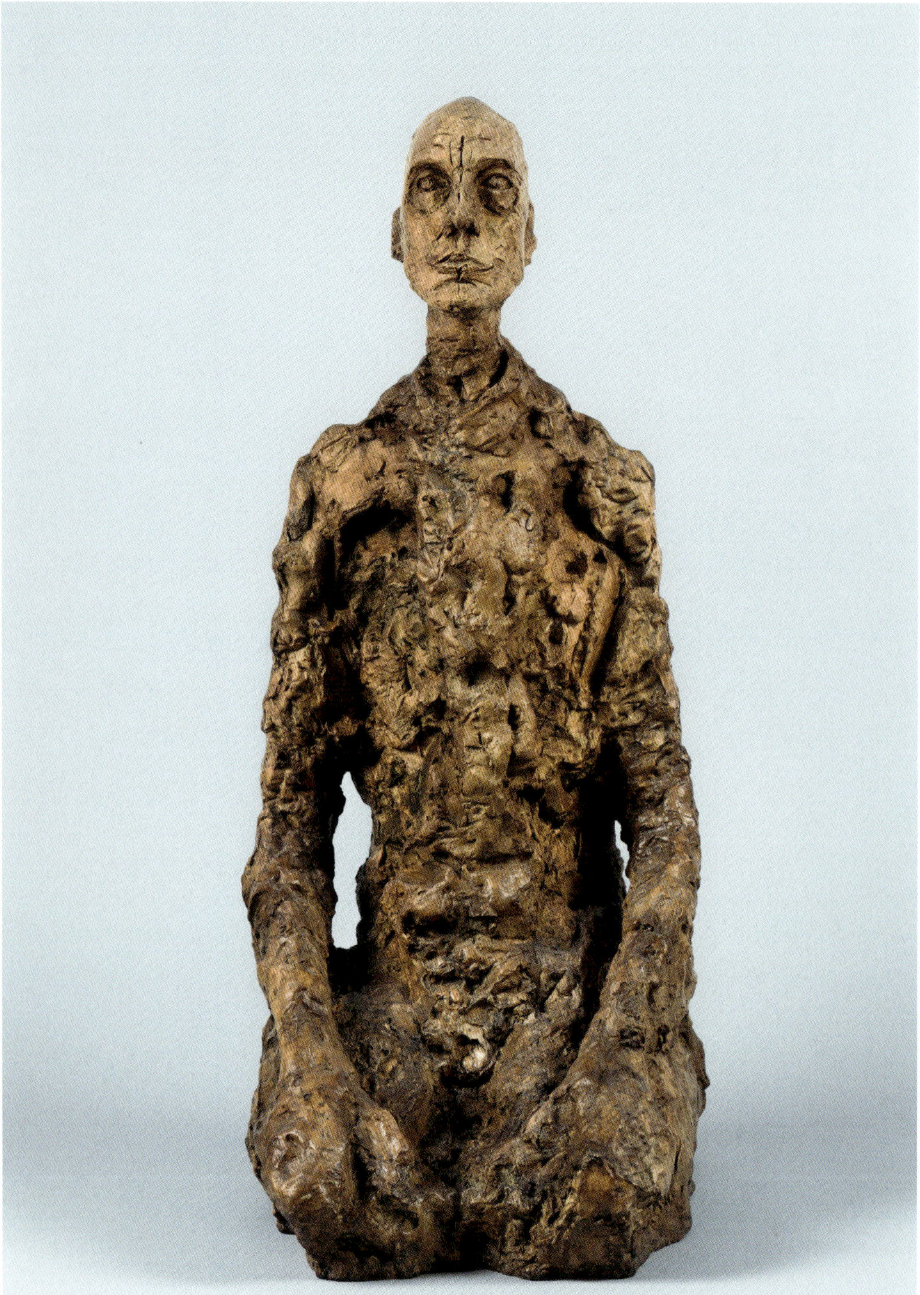

Buste d'homme assis (Lotar III)
vers 1965 – 1966
Plâtre
67,1 × 28,1 × 37,6 cm

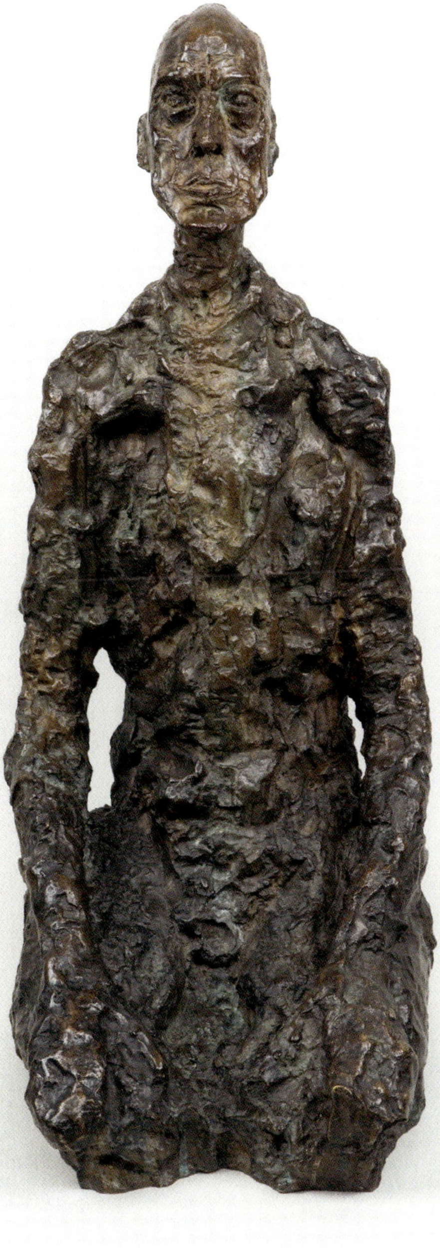

Buste d'homme assis (Lotar III)
vers 1965 – 1966
Bronze
65,7 × 28,5 × 36 cm

Cet ouvrage est publié à l'occasion
de l'exposition :
« Alberto Giacometti. L'œuvre ultime »
à la Galerie Lympia, espace culturel
du Département des Alpes-Maritimes –
Nice du 23 juin au 15 octobre 2017.

Commissaires
Catherine Grenier
Christian Alandete

Direction administrative et financière Fondation Giacometti
Sabine Longin

Régie des œuvres
Stéphanie Barbé-Sicouri
assistée de Laetitia Bailly

Scénographie
Jean-Julien Simonot

Conception graphique de l'exposition
Agnès Dahan assistée
de Raphaëlle Picquet

Conception graphique du visuel de l'affiche
Brigitte Mestrot

Lumière
Abraxa concepts – Philippe Collet

Gestion des droits
Émilie Le Mappian

Ouvrage réalisé
par les Éditions Snoeck

Direction et contribution éditoriale :
Lamia Guillaume
Conception et réalisation graphique :
Laure Cérini
Relecture : Muriel Montserrat
Traduction vers l'anglais : Sandra Reid
Traduction vers l'italien :
Maria Mercedes Kechler, Évelyne Giumeli

Les commissaires tiennent à remercier chaleureusement l'ensemble des collaborateurs des services du Département qui ont contribué à la réalisation de cette exposition.
Merci à Clara Gibertoni, Maximin Cousy-Barberau, Mathilde Lecuyer et Thierry Pautot pour leur aide précieuse.

En couverture :
Buste d'homme assis (Lotar III)
(détail)
vers 1965 – 1966
Bronze
Photo : Marco Illuminati, 2018

Photogravure : Deckers Snoeck
Impression : Graphius
ISBN : 978-94-6161-408-7
Dépôt légal : D/2017/0012/61
Achevé d'imprimer en juin 2017